Vasile
KARIZMA

Copyright ©Silviu Vasile 2022. All rights reserved.

İçerik tablosu

Şampiyonlar nasıl düşünüyor 1
Başarıdan ve hızlı okumadan bahsetmişken 7
Karizma 11
1. Canlılık 19
2. Yiyecek 20
3. Benlik saygısı 21
4. İlk izlenim 22
5. Gülümseyin! 23
6. Güzellik 25
7. Bilge olun! 26
8. Oku 27
9. Tutku 28
10. Kişisel değer 29
11. Mizah 30
12. Kalite bilgisi 31
13. İncelik 32
14. Ulaşılabilir olduğunuzu gösterin 33
15. Sadece% 3 34
16. Konuşurken karizma 35
17. Kişisel değer 36
18. Size güven 37
19. Kişisel başarı 38
20. Gerçek değişim 39
21. Verme gücü 40
22. Doğru mesajı seçin 41
23. Baraj 42
24. Gerçekliğimiz 43
25. Sen ve diğerleri 44
26. İlk izlenim 45
27. Pozitif enerjinizi yönlendirin 46
28. Çevrenizdekilere merhamet etmeyi öğrenin 47

29. Açık iletişim kanalları 48

30. Gözlerinizin ışıltısını kaybetmeyin 49

31. Yaptığınız şeyi sevmeyi öğrenin 50

32. Niteliklerin etkinleştirilmesi ve değerlendirilmesi ...51

33. Karizma inceliği temsil eder.....................................52

34. Karizma bütünlük demektir 53

35. De ki: Yapabilirim! 54

36. Olumlu duyguları aktarmayı öğrenin 55

37. İyimserliğinizi koruyun..56

38. Size en uygun olanı yapın!..57

39. Dürüst olmayı öğrenin..58

40. Olgun düşünceye odaklanın 59

41. Kendinizi gözlemleyin ve gülümsemek için bir mekanizma oluşturun...60

42. Küçük adımlar politikasını benimseyin!....................61

43. Zihinsel olarak değerli bir kişinin imajını yaratın 62

44. Zaman, para ve enerji kaynaklarınıza değer verin 64

45. Daha çok çabalayın...65

46. Doğru kelimeleri seçin..66

47. Karizma, sahip olduğunuz güvenden başlar...............67

48. Yazın ve iletişim kalitesini sürekli artırın!.................68

49. Karizmanın farkında olun...69

50. Karizma, başkalarıyla bağlantı kurmak anlamına gelir 70

51. Karizmatik insanlar dinlemeyi bilir 71

52. Abartmamayı öğrenin 72

53. Kendinizi diğer kişinin yerine koyun.........................73

54. Önünüzdeki kişinin adı son derece önemlidir............74

55. Başarılı insanlar karizmatiktir 75

56. Tartışma ortağınızı tanıyın 76

57. Hepimizin nitelikleri var ama kusurları da var..........77

58. Tanıştığınız insanlara, size davranmalarını istediğiniz şekilde davranın. 78

59. Proaktif olun 80

60. Büyük insanlardan küçük şeyler yapmayı öğrenin 81
61. Mümkün olduğunca çok sayıda akranınızla tanışın 82
62. İlişkiler kurun ve önemli insanlarla yakınlaşın......................84
63. Şansınızı doğru analiz edin 85
64. Kademeli değişimi seçin 86
65. Görüntünüz önemli 87
66. İkna edici ve özverili olun..88
67. Başarı için sarhoş olmayın 89
68. Sizi hak eden kişileri bulun 90
69. Bilgi okuma ve kendi deneyiminizin karşılaştırması 91
70. Değerlerinizi zaman zaman netleştirin...................................92
71. Yaptığınız şeyin doğru olduğuna kendinizi ikna edin.............93
72. Sarsılmaz inançlara sahip olmaya çalışın 94
73. Görünüm sizin kartvizitinizdir...95
74. Gösterdiğiniz etki, sahip olduğunuz karizmadır. 96
75. Kilit alanlara yatırım yapmak 97
76. Kalp ile aşk ve akıl ile yargılama..98
77. Her birimizin yalnızca onun olan bir şeyi var. 99
78. Mükemmellik.. 100
79. Karizmanın sırrı, karizmatik olduğunuz inancıdır................ 101
80. Rolü girin 103
81. Karizmatiklerden öğrenin 104
82. Müşteriniz karizmatik... 105
83. Bazen çok fazla kelime 106
84. Cesarete sahip olmayı öğrenin 107
85. İleriye bak 108
86. Önerinin ne olduğunu ve kazan-kazan konseptini nasıl keşfedeceğinizi öğrenin... 109
87. Söylediklerinizi rakipsiz argümanlarla destekleyin 110
88. Uzmanları arayın, bırakın mesajın bir kısmını iletsinler....... 111
89. Alışın ve olaylara bakışınızı değiştirin 112
90. Özgün olun 113
91. Harika olun, dahiyane tekniklere yatırım yapın 114

92. Düşüncede duyu dengesi..115
93. Diğerinin duygusuyla etkileşime girer 116
94. Canlı kaliteli anlar 117
95. Karşılaştığınız insanlar duygusal durumunuzu yansıtır........118
96. İçsel durumunuz ne kadar karizmatik olduğunuzu belirler. 119
97. Güveninizi ve coşkunuzu iletme gücü 120
98. Kendiniz hakkında ne düşündüğünüzü çevrenizdeki insanlara iletme gücü 121
99. Şimdiden keyfini çıkarın ve başarmak istediklerinizi kutlayın..122
100. Yalnızca olduğunuz gibi değil, aynı zamanda olmak istediğiniz gibi davranın. 123
Sonuçlar..125

Hayat şampiyonları ödüllendirir, amatörleri değil!

Bu kitap motivasyon amaçlıdır ve genel bilgiler içerir, bilimsel bir çalışma değildir ve bilimsel bir yöntem kullanan araştırmalara dayanmamaktadır. Bu kitap, yazarın gözlemlerini, düşüncelerini ve düşüncelerini içermektedir. Derinlemesine çalışmak ve gerçek sonuçlar elde etmek için, bu alanda mümkün olduğunca çok sayıda uzmanlık kursuna ve eğitime katılmanızı tavsiye ederim. Yazarın izni olmadan bu kitabın hiçbir bölümü hiçbir ortamda çoğaltılamaz.

Şampiyonlar nasıl düşünüyor

20 yıldan fazla bir süredir kişisel gelişimin içindeyim. Özel sektörde satış ve lojistik alanında çalıştım. Daha sonra eğitmen olmayı seçtim ve kişisel gelişim alanında onlarca konferans ve kurs düzenledim.

Benim için eğitim ön plandaydı. Dört üniversitenin kurslarına katıldım ve iki fakülte ve iki yüksek lisans derecesiyle mezun oldum, en az 12 yıllık üniversite ve yüksek lisans eğitimini bir araya getirdim.

Hem sınavlar hem de iş için çok şey öğrenmek ve okumak zorunda kaldım. Tek şansım gelişmiş bir okuma yöntemi bulmaktı. Hızlı okumayı ve hızlandırılmış öğrenmeyi keşfettim, bu yöntemler bakış açımı sonsuza kadar değiştirdi. Kişisel gelişimime para, zaman, enerji ve şevkle yatırım yapmaya başladım ve birkaç yıl içinde hızlı okuma ve hızlandırılmış öğrenmede uzman oldum.

Hızlı okuma bana kaliteli bilgiye ulaşma şansı verdi, hatta hayati diyebilirim ki, zamanla yeni bir vizyonu, şampiyonları düşünmek açısından farklı bir yaşam felsefesini şekillendirmeyi başardı.

Sanki birkaç düşünce modeliyle örtüşmüş ve bir ağ kurmuş gibiydim. Belirli noktaların kesiştiği yerler, şampiyonların başarısı için bir formülde sipariş ettiğim düşünce kalıplarıydı.

Sporda, bilimde veya iş dünyasında şampiyon olsunlar, hepsi güçlü bir zihinsel eğitime tabidir. Başarının temel tuğlaları düşüncelerdir ve aklın olağanüstü başarı için en yoğun şekilde eğitilebileceği sekansı keşfettim.

SILVIU VASILE

Kişisel gelişim alanında birçok kitap yazdım ve yayınladım. Tüm bu kitaplar, nasıl daha iyi olabileceğiniz, kısa sürede nasıl gelişebileceğiniz ve daha uzun bir süre sonra bile performansa nasıl dönebileceğiniz hakkındaki düşünce ve fikirleri tamamlayıcı niteliktedir.

Her kitap hızlı okuma kitapları, liderlik kitapları, satış teknikleri, şampiyon düşüncesi veya Değer Kültürü hakkında konuşsak bile evrimsel bir adımdır. İçimde bir iç ateşin yandığını hissediyorum ve burada durmama, yeni kişisel dönüşüm teknikleri yazma ve keşfetme arzusu ve gücüne sahibim çünkü ancak bu şekilde mükemmelliğe adım atabilir ve alanımızda gerçekten şampiyon olabiliriz.

Bir şampiyonun sürekli mücadele etmesi gereken iki duygu vardır. İlk duygu korku ve ikincisi çaresizliktir. Kitaplarımın, zaferi iptal etmekten veya ertelemekten başka hiçbir şey yapmayan bu iki engeli herkesin doğal olarak aşabileceği gerçek bir pratik ders olması amaçlanmıştır. Ne ilk durumda ne de ikinci durumda, sonuç bir şampiyonun beklediği ve istediği şey değildir.

Kitaplarım bu duyguları kontrol etmenize ve onlara hükmetmenize yardımcı olacak. Size zihinsel olarak rakibinize hükmetmeyi öğretecekler ve bunu yapabildiğiniz zaman zafere bir adım daha yaklaştığınızı göreceksiniz.

Kullanmayı düşündüğünüz birçok plan vardır ve bunlar birer birer tartışılabilir. Bazıları çok iyi, bazıları daha az iyi olabilir ve bazıları etkisiz oldukları için pes edebilirsiniz. Ama bir cankurtaran halatına ihtiyacın var. Sadece sizi şu anda içinde bulunduğunuz hayatın ve evrimin nahoş veya zor durumundan kurtarabilecek plan iyidir. Herkes önermekle yükümlüdür, herkes istediği fikre sahip olmakta özgürdür, ancak sadece bir tanesi size uygundur ve hemen uygulanabilir. Fikrime inanıyorum, keşfettiğim yöntemin kısa vadeli kurtuluşu temsil edebileceğine ve diğer uzun vadeli şampiyonlar için rol model olabileceğine inanıyorum.

Bu bilgileri çeşitli kitaplarda aradım, başarıdan ve şampiyon olmanın gücünden bahsedenlerle sesli dersler dinledim veya kayıtları

KARIZMA

izledim. Bir şampiyonu neyin tanımladığını bulmak istedim ve her şeyden önce bir şampiyonun gelişmek, sınırlarını aşmak isteyen ve bunu başarmak için hırs, kararlılık ve daha çok çalışmaya ihtiyacı olan biri olduğunu keşfettim. Şimdiye kadar çoğu insanın benimle aynı fikirde olduğunu düşünüyorum ama bence bu yeterli değil, bilimin mümkün olduğu kadar uzun süre şampiyon olması ve kalması gerekiyor. Bu durumda şampiyon olmanızı ve uzun süre savaşmanızı istiyorum.

Şimdiye kadar başarılı olamadıysanız, tek bir sonuca varabiliriz, yani yaptığınız her şeyin yeterli olmadığı ve daha fazlasına ihtiyaç olduğu. Zihinsel eğitim programım uzun bir çalışmadan, yüzlerce kitap okuduktan ve bütün bir zihinsel başarı haritasını ortaya çıkaran iç analizlerden sonra hayata geçti.

Şampiyonların düşüncesi bir günde aklıma gelmedi, uzun bir süreçti, yıllar süren birikim ve sedimantasyon, yoğun aramalar ve kişisel değeri artırmak için birkaç sistemi birleştiren bir yöntemin oluşmasıydı. Programım ilk kez sunuluyor, taze ekmek gibi, sadece yenmesi iyi. Hemen uygulanabilir ve sonuçlar birkaç hafta içinde görünmeye başlar. Bu eğitim programındaki bilgiler, sürekli bir eğitim programında uygulanıyorsa paha biçilmez olabilir.

Yazdığım kitaplardan ve bu kitapları yazmak için yaptığım çalışmalardan bir şampiyonun zihninin nasıl çalıştığını anladım. Her gün antrenman yapma motivasyonunun ötesinde ne olduğunu anladım, birisinin dünya şampiyonu olmak veya kalabilmek için atması gereken adımları deşifre ettim.

Programım, olağanüstü performans elde etmek ve bu performansı sürdürmek için özel olarak tasarlanmış entegre bir programdır. Karmaşık bir programdır çünkü arkasında sürekli bir çalışma vardır. Geleceğin şampiyonuna kolayca adapte olabilen bir program çünkü öyle düşünüyordu. Bu sunum ne kadar iyi ve gerçekçi olursa olsun, sorunlar tek bir okumadan veya bir sunumdan sonra açıklığa

4　　　　　　SILVIU VASILE

kavuşturulamaz. Yoğun bir süreçtir ve bu şampiyon düşünce programını kurmak ve uygulamak çok emek gerektirir.

Bu program orta ve uzun vadeli bir yatırımdan başka bir şey değildir ve bu yatırım maç sırasında fark yaratabilir. Kolay değil, baştan söylenmesi gerekiyor, ancak bence bir sporcunun zihinsel eğitimi açısından olabildiğince hızlı olmanın tek yolu bu.

Zamanda yolculuk yapma fırsatımız olsaydı, sadece kazanan numaraları oynardık ya da şu anda çok değerli olan hisseleri satın alırdık. Bunu neden yapalım ki? Çünkü bunlar yıllar içinde değerini kanıtladı.

Programım bunlardan biri olabilir. Garanti veremem ama tüm iç gücümle onun şampiyon yaratma yeteneğine inanıyorum. Ayrıca bir üniversiteye veya spor kulübüne başvurursa, sonucun ancak gerçek bir şampiyonlar okulunun yaratılması olabileceğini düşünüyorum.

Şampiyonların düşüncesi bu anda, oyuncunun içindeki kaynakları aramasının istendiği motivasyonel bir düşünceyle ilişkilendirilir. Hakkında pek bir şey bilmediği ve sıklıkla sezgisel olarak gezindiği bir düşünce sürecine dahil olması istenir. Kimyasal elementler tablosu gibi basitten karmaşık şeylere doğru bir şampiyonun düşünme şeklini mantıklı bir şekilde sipariş ediyorum.

Bunu nasıl başardım? Cevap muhtemelen çocukluğumda. Bir yandan, daha fazlasını öğrenmek isteyen aşırı duyarlı bir çocuktum. Öte yandan, yaşadığım yoğun halleri kontrol edebilmek istedim. Bir dizi dikkat ve hafıza oyunu yapmaya başladım, içselleştirmeye ve cevaplar bulmaya başladım. Daha sonra sezgisel olarak yaptığım tek şeyin gerçek dahi eğitimi olduğunu keşfettim. Yazmayı ve sorularıma bu şekilde nasıl daha fazla cevap vereceğimi keşfettim. Yüzlerce şiir yazdım ve iç diyaloğuma, zor sorulara cevap aramak ve bulmak için bilinçaltıma meydan okuyarak devam ettim. Gerçek sıçrama, hızlı okumayı keşfettiğimde ve beni daha yüksek bir entelektüel performansa götüren değerli bilgiler toplamaya başladığımda geldi. Bu, yolun başında şampiyonların kendilerini keşfetme ve gerçek

KARIZMA 5

potansiyellerini kanıtlama şansı elde ettiği 7 adımlı yöntem böyle doğdu.

Programım burada bitmiyor. Şampiyonların düşüncesi aynı zamanda bir karşı ağırlık, sürecin anlaşılması ve fazlalıkların ve zihinsel kalıntıların temizlenmesi ve ortadan kaldırılmasına da ihtiyaç duyar. Böyle bir programı hemen uygulama şansı bir şampiyon için fark yaratabilir. Tüm bu formların tek bir rolü vardır: yüzleşme anında ortaya çıkabilecek çatlakları ortadan kaldırmak. Bu çatlaklar, zihinsel düzlemde görünürlerse, performansın bir veya birkaç düzeyi ile hemen alçalacak. Yanlış veya yetersiz anlaşılmış hazırlık nedeniyle çatlaklar ortaya çıkıyor. Benimki gibi, iyi yapılandırılmış ve iyi bağlanmış bir yönteminiz olduğunda, evrime ve zihinsel dengeye koyduğunuz her tuğla, çatlaksız, sağlam ve dayanıklı bir yapı oluşturacaktır. Bu düşüncenin temelini anlayabilirseniz, o zaman benimle ancak belirli bir plana göre bir şeyler inşa edebileceğiniz konusunda hemfikir olacaksınız; Bir sürü tuğla almak istemediğiniz sürece üst üste tuğla atamazsınız.

Metodum, diğer tüm düşünme biçimlerini destekleyen iyi düşünülmüş bir temelle en alttan başlar. Tüm bunlar, zorluklara olabildiğince çabuk ve iyi yanıt verebilen bir düzeni, uyumlu bir stratejide iç kaynakların kısıtlanmasını temsil eder. Hem işte yoğun bir eğitimle hem de evde kullanılabilen esnek ve esnek bir yöntemdir. Hem profesyonel hem de kişisel yaşamda, çünkü benim yöntemim uyum ve bir iç denge durumu yaratır. Zihin dengelendiğinde, duygular olumlu olduğunda, gelecek parlak göründüğünde, bu duygular çalışma becerisine, zorluklarla daha iyi başa çıkma becerisine yansıtılır.

Çoğu zaman gerçekte kim olduğumuzu unuturuz. Yalnızca "gerçek benliğin" gerçekçi olmayan bir resmini saklarız. Bu nedenle, niteliklerimizin ne olduğunu, ne yapacağımızı ve bunların üstesinden nasıl geleceğimizi olabildiğince sık hatırlamalıyız. Şampiyon olmanın ilk adımı liderliktir. Her şeyden önce, başkalarına liderlik edebilmek için kendimizi disipline etmeyi öğrenmeliyiz; nüfuz kazanmak ve bu etkiyi kullanabilmek için.

Spor veya iş dünyasında herhangi bir şampiyon, her şeyden önce gerçek bir liderdir. Durumunun üstesinden gelmeye ve kalıcı olarak öğrenmeye isteklidir. Değer Kültürü, bilgileri birkaç filtreden geçirerek şampiyonların düşüncelerinden bahsediyor. Önce liderlik, sonra hedef belirleme, zaman yönetimi, karizma, ikna, topluluk önünde konuşma, müzakere, iletişim ve daha fazlası. Nihayet şampiyon olmanın gerçekte ne anlama geldiğine dair karmaşık ve net bir resim elde etmenizi istiyorum. Çalışmalarım nihayet bu kitaplarda bir amaç buldu.

Başarıdan ve hızlı okumadan bahsetmişken

Başarınız doğrudan ne kadar karizmatik olduğunuzdan etkilenir. Bu kitap boyunca karizmayı tanımlamaya çalışacağız ve eninde sonunda onun gerçekte ne olduğu hakkında bir fikir edinebileceğimizi düşünüyorum. Bir kitap, ne kadar iyi yazılmış olursa olsun, yine de bir kitaptır; gerçekten karizmatik olmak daha fazlasını gerektirir. Sürekli çalışma ve egzersiz gerektirir. Bu kitap, hayatınızda karizmanın önemini anlamanızı ve sizi daha fazla bilgi aramaya teşvik eden motivasyonel bir kitaptır. Bu kitap sizi bu alanı derinleştirmeye ve karizma, kendi kurallarınız ve ilkeleriniz hakkında başarıyla uygulayabileceğiniz kendi sonuçlarınızı yazmaya davet ediyor.

Hayran olduğun tüm insanları düşün. Bu insanlar şu ya da bu şekilde karizmatikler ve varoluş biçimleri üzerinizde iz bıraktı. Bir öğretmeni sırf özel olduğu için, bir okul arkadaşı veya çeşitli tanıdıklar diye hatırlayacaksınız. Geri kalanı bir çekmecede kilitli olarak hafızada bir yerde kalacak.

Size yüzlerce geçerli argüman verebilirim, durmaksızın tartışabilirim, ama kendi geleceğinize karar verebilecek kişi olmalısınız. Bir kişi için veya yüz kişi için yazabilirim. Sonuçta benim çabam aynı. Uzun zaman önce aldım. Yaptığınız şeyin geleceğiniz için olup olmadığını bilmeniz gerekir.

Her birimizin belirli bir gelecek vizyonu var. Daha iyi olacağına inanıyor ve umuyoruz. Ancak bu, olası üç seçenekten yalnızca biridir.

8   SILVIU VASILE

Geleceğimiz aynı, daha iyi olabilir veya kimsenin istemediği üçüncü seçenek, bugünden çok daha kötü olabilmesidir.

Kişisel gelişim, geleceğinize karar verebileceğiniz, kuantum sıçraması yapabileceğiniz, başka bir gelişim düzeyine geçebileceğiniz ve gitmek istediğiniz yolu seçebileceğiniz bir yerde kalkmanıza yardımcı olabilir.

Şu anda nerede olduğunuz, genç veya daha az genç olmanız önemli değil, nereye ve ne kadar hızlı gidebileceğiniz önemli. Gelecek sizi bekliyor, orada, ancak sınırlı bir süre için. Nasıl kullanılacağını bilmiyorsanız kapanacak ve şansınız aleyhinize olduğunda başarılı olmanın çok daha zor olacağı bir penceredir.

Hızlı okuma, uyurken göğsünüzdeki ağırlığı ve yorgun olduğunuzda sırtınızdaki ağırlığı alır. Hızlı okuma, başarıya giden kalıcı bir pencere açar. Bu pencere yalnızca siz bunu seçtiğinizde kapanır. Hızlı okuyarak son derece değerli zaman kazanırsınız ve istediğiniz ritimde gelişmeyi başarırsınız.

Hızlı okuma, daha az çaba ve daha az stresle, sıkı çalışma ve özveri ile istediğiniz yere ulaşmanıza yardımcı olacaktır. Başarıya ulaşmak kolay değildir, ancak ne yapacağınızı bilirseniz, hayatta başarılı olanların dersini aldıysanız, başarı şansınız daha fazla olacaktır. Yaptığın hiçbir şey yeni değil. Sahip olduğunuz herhangi bir sorun, sizden önce başkaları tarafından tespit edilmiş ve çözülmüştür. Tekerleği yeniden keşfetmeyi veya sahip olduğunuz herhangi bir sorunu hızlı ve iyi bir şekilde çözmenize yardımcı olan bu yararlı bilgilere hızlı bir şekilde erişmeyi seçip seçmemeniz size kalmış.

Öğrendiklerinizi unutmamalı, bildiğiniz her şeyi ihtiyaçlarınıza göre uyarlamalı ve hızlı okuma ve hızlandırılmış öğrenme teknikleriyle ilişkilendirmelisiniz. Gelirler ve örgün eğitiminizi tamamlarlar. Size bir şampiyonun konumundan hedeflere ulaşma konusunda yaklaşma gücü ve cesareti verirler. Bu gelişmiş teknikler, eninde sonunda sizi zihnin şampiyonu yapacak.

KARIZMA 9

İstediğiniz zaman DUR diyebilirsiniz! Hayatımda olumlu bir değişimin zamanı geldi, yaşadığım hayattan bıktım, beni tatmin etmiyor ve beni temsil etmiyor! Ben değişmeye hazırım! DAHA FAZLA OLMAK İSTİYORUM VE DAHA FAZLASINI YAPMAK İSTİYORUM!

Başarılı insanlar böyle başladı, kimsenin onlara yardım edemeyeceğini, sadece kendilerine yardım edebilecekler olduğunu fark ettiler. O anda, hayatlarından sorumlu oldular, başkalarını suçlamayı bıraktılar ve başarısızlıkların sonuçları ve acı tadı için tüm sorumluluğu üstlendiler.

Ufuk size beklenmedik perspektifler sunar, nereye bakarsanız bakın yeni fırsatlar bulabilirsiniz. Sonunda sizi sıradanlığa mahkum edecek vasat insanlar bulacağınız gri alanda kalmak utanç verici. Kendi evriminizde gerçek sıçramalar yapabilirsiniz. Hızlı okuma ve hızlandırılmış öğrenme, beklenmedik bakış açıları açacaktır. Bir sanatçı olmanıza, faaliyet alanınızda şampiyon olmanıza yardımcı olacaklar. Kaliteli bilgiye ulaşacaksınız ve bu değerli bilgiler hayatınıza kalite katacak.

Her sabah siz ve aileniz için yeni bir şansla başlayabilir. Yarın sabah, hızlı okumaya ve hızlandırılmış öğrenme eğitimlerine başladığınız gün olabilir, kişisel başarısına son veren uzun bir yolculuğun başlangıcı olabilir.

Bir milyondan fazla kelime yazdım. Çok mu yoksa az mı bilmiyorum, neyi karşılaştırdığına bağlı. En zor kısım o milyonun sonuna yaklaştığım zamandı. Zihin benim empoze ettiğim ritimde düşünmekten yorulmuştu; Kitabın son bölümünde yazmayı bırakıp başka projelere başlama ihtiyacı hissettim.

Ama bunu hissettiğimde, defalarca% 99,7'nin% 100 demek olmadığını ve yapmak istediğim projeyi tamamlamak için% 100'e ulaşmam gerektiğini söylediğimi hatırladım. Son 3000 kelime en zor gibi görünüyordu, ancak geriye dönüp baktığınızda ve 997.000 kelime yazdığınızı bildiğinizde, yine de çaba gösterebilir ve son 3000 kelimeyi

10   **SILVIU VASILE**

yazabilirsiniz. Bunları çelişki içinde yaşadığıma dair iki duygu vardı: bir yandan Yorgundum ve yazmak istemiyordum, öte yandan projeyi çoktan bitirdiğimi ve konsantre olamadığımı düşündüm.

Sonra öfori ve can sıkıntısını sıfırladım. Bu projeye başlamak için beni neyin belirlediğini hatırladım: son iki yılda önceden hayal ettiğim hırs, disiplin ve nihai hedef. İç değerlerimi yeniden şekillendirdiğim bir an yaşadım, kim olduğumu ve kasıtlı olarak kabul ettiğim görevi neden tamamlamam gerektiğini anladım. Bu iç kalibrasyondan sonra kendi iç ritmimi buldum ve projeyi tamamlamayı başardım.

Demek istediğim, belirli kalıplara göre hareket ediyoruz ve küçük şeylerde verdiğiniz sözleri tutmaya alışırsanız, bunu büyük şeylerde de yapabileceksiniz.

Hızlı okuma 40 kitabımı yazmama yardımcı oldu. Bir milyon kelime yazmak, metnin aşağı yukarı takdir edilen değerinin ötesinde, başlı başına bir performanstır. Bir milyon kelimeyi kavrayabilmek, zihninizde 4000'den fazla sayfayı hayal edebilmek ve istediğiniz zaman onlara klasör olarak erişebilmek oldukça büyük bir entelektüel çabayı temsil ediyor. Hızlı okuma ve hızlandırılmış öğrenme konusunda uzman olmasaydım, bunu asla yapamayacağıma kesinlikle ikna oldum. Hızlı okuma bana gelişme şansı verdi. Kendime verdiğim söz, bu şansı olabildiğince çok insana aktarmak. Herkes her yaşta hızlı okumayı öğrenebilir.

Okumak, zihnimize verdiğimiz yiyeceklerden başka bir şey değildir. Vücudunuzu sağlıklı tutmak için ne yediğinize dikkat ediyorsanız, zihninizi beslemek için neden aynı özeni ya da belki daha büyük bir özeni göstermiyorsunuz?

Olağanüstü potansiyeli olmayan sıradan bir insan olarak başarılı olsaydım, olağanüstü bir Olimpiyatçı veya öğrenci bu araçla ne yapabilirdi, çünkü dünyamızda böyle binlerce genç var? En kısa zamanda bilmek istiyorum.

Karizma

Hepimiz şampiyon olmak istiyoruz, bu yüzden dünya şampiyonlarının büyük hayallerine sahip olmalıyız. Her başarının arkasında ne kadar emek ve fedakarlık olduğunu çok az kişi bilir. Hayal ne kadar büyükse, yapmanız gereken iş o kadar büyük olur. Teorik olarak, benimle aynı fikirde olabilirsiniz. Yarın sabah yarım saat erken kalkmak nasıl olurdu? Yarım saat erken yatmak anlamına gelse bile, televizyonu veya bilgisayarı daha hızlı kapatmak. O yarım saatte spor yapın. Bir ay daha devam ederseniz, ne kadar gücünüz olduğunu keşfedeceğinizi, başkalarının size nasıl farklı bakacağını ve daha karizmatik olacağını göreceksiniz.

Karizma şunların birleşimidir:

- Tutum. Başkaları tarafından algılanma şekliniz, onlarla nasıl etkileşim kuracağınızı ve başkalarını kendi tarafınıza çekecek belirli jestleri ve eylemleri nasıl yapacağınızı nasıl bildiğiniz. Evrensel değerlere güçlü bir şekilde bağlı bir kişiliğin ikiye katladığı olumlu tutum, hedeflerinize diğerlerinden daha kolay ve daha kısa sürede ulaşmanıza yardımcı olacaktır.

- Zeka. Hayatın belirli seviyelerinde ve belirli önemli anlarında gelişmenize yardımcı olacak akıllı şeyler yapmanın gerçek becerisidir. Bunun çok beklenen IQ ile illa ki bir ilgisi yoktur, ancak bir şey yaptığınızda aldığınız sonuçlarla ilgilidir.

- Bilgi. Öğrendiğimiz şeyleri öğrenmek ve uygulamak için açıklığı ve gücü temsil eder. Hedeflerimize ulaşmak için sahip olduğumuz veya sahip olabileceğimiz tüm bilgilerin toplamıdır.

- Bir kişinin mizacı veya karakteri karizmada önemlidir. Nazik bir adam, asi, zor ve uygunsuz davranışlara sahip olmaktan çok daha hoş ve başkaları tarafından kabul edilir.

- Kültür - karizmada belirleyici bir faktördür. Öznel veya nesnel nedenlerle iyi bir ilk izlenim bırakmasanız bile, çeşitli alanlardan belirli bilgilere hakim olarak oldukça fazla şey kurtarabilirsiniz.

- Düşünme. Olumlu düşünen insanlar, olumsuz veya zehirli insanlardan çok daha fazla takdir edilir. Geleceği iyimserlik ve güvenle görme şevkleri ve güçleri için aranırlar.

- Enerji veya yaşam gücü. Canlılık, sağlıkla özümsenmesi nedeniyle karizmada belirleyicidir. Bilinçli veya bilinçsiz her birimiz çevremizdeki sağlıklı ve canlı insanlar istiyoruz.

- Deneyim. Deneyimli insanların karizmatik olduğunu göreceksiniz. Değerlerinin farkında olan ve onu takdir eden başka insanlar tarafından takip edilirler.

Bu niteliklerin yanı sıra, yazdığım bu kitaplarda öğrenmiş olabileceğiniz gibi, aramanız ve keşfetmeniz için sizi zorladığım daha birçok kişi var. Önemli olduğunu düşündüğünüz her konu sizin için zor olabilir. Sizi cevaplamaya zorlayacak bir dizi temel soru sorabilir. Ödül kişiye özel olacak çünkü sonunda sadece başarılı insanların sahip olduğu teknikleri ve becerileri öğrenebileceksiniz.

Karizmatik etki, bir liderin, bir konuşmacının, bir iletişimcinin veya bir müzakerecinin sahip olabileceği en önemli özelliklerden biridir. Kitleleri fethetmeyi başaran çok sayıda karizmatik insan örneği var. Onsuz, faydalara katlanmak daha zordur.

Karizma, sizi artık sıfırdan başlamanız gerekmeyecek seviyeye yükseltir. Hayatın her alanında başarılı olmanıza yardımcı olabilecek çok büyük bir başlangıç avantajı.

Yunanlılar, karizmayı insanlara ilahi lütufla verilen bir armağan olarak görüyorlardı. Olağanüstü bir kişisel değerdir ve toplumda belirli bir kişinin kazandığı prestije yansır.

KARIZMA

Karizma, başkalarının bilincine yansıyan imajınızdır. Sizi takdir eden insanlarla çevrili iseniz, kontrol noktanız içeride demektir. Bu, gerçekleri aldığınız ve olabildiğince çok insanla etkileşime girdiğiniz anlamına gelir. Kontrolünüz dışsal ise, yaptığınız her şey başkaları tarafından veya size ve vicdanınıza ait olmayan faktörler tarafından dikte edilmişse, o zaman işlerinizi üstlenmezsiniz, başkalarına yük olursunuz ve karizmatik olursunuz.

Karizma, hedef belirleme ve net bir amaca sahip olma ile yakından bağlantılıdır. Hedef belirleme süreçleri, bu süreçte gerçek olan sadece düşünceler olan arzularınızı gerçekleştirmenizi sağlar.

Kendinizden ve yaşamdan ne istediğinizi, kim olduğunuzu ve nereye gitmek istediğinizi bilmeniz gerekir. Ve bunun kişiliğinizle, içsel gücünüzle ilgisi var. Liderler bu içsel güce sahipler, bu yüzden bu kadar karizmatikler. İnsanlar onları yer işareti olarak görüyor. Uzun bir süre sonra bile bireysel ve kolektif akıllarda kalırlar. Karizması olmayan insanlar başkaları tarafından çabucak unutulur.

İstediğiniz yere ulaşmak için başkalarıyla etkileşime girmeniz gerekecek ve bunun için insanları ve nesneleri istediğiniz yöne hareket ettirecek etkiye ihtiyacınız olacak. Başkalarının sizi takip etmelerinin tek yolu budur, onlara gitmek istediğiniz net yönü göstermenin yanı sıra somut sonuçları da gösterir; Bunu yapmazsanız sizi takip etmeyecekler veya ilk zorluklar çıktığında sizi terk etmeyeceklerdir.

Kendinizin farkında olarak başlayın. Neyi temsil ediyorsun Başkaları üzerinde ne gibi bir etkiniz var? Başkalarının üzerinizde ne etkisi var? İçsel analiz, eğer samimi ise, şu anda sahip olduğunuz tüm bu nitelikleri ve kusurları ortaya çıkaracaktır. Sahip olduğunuz her türlü kusurun düzeltilmesi gerekir, tıpkı sahip olduğunuz her kaliteden yararlanılması ve zenginleştirilmesi gerektiği gibi.

Karizmatik olmayacaksınız ve kendinizi dışardan, nesnel olarak, pek çok niteliğe sahip ama aynı zamanda birçok kusurla objektif olarak görme gücüne ve ayrılığına sahip olana kadar kişisel etkinizi artırmayacaksınız. Başkalarına onları gerçekten önemsediğinizi gösterene kadar. Tüm potansiyelinizle kendinizi onların hizmetine sunmanız. Kısa süreler için bile belirli faydalardan vazgeçme gücüne sahip olduğunuzu onlara göstermelisiniz, başarılarını onlarla paylaşamayacaksınız.

Gelişme arzusuyla ikiye katlanmış derin bir analize ihtiyacınız var. Hayatınızdaki olumsuz ya da zararlı alışkanlıklardan kurtulmak için. Tüm bu alışkanlıklar sizi evriminizden yavaşlatacak, hedeflerinize ulaşmanızı zorlaştıracak ve bazıları günlük gerçekleştirmeniz gereken görevleri sabote edecek.

Vicdanınız ve geçmişinizle ve şimdiki zamanınızla olan ilişkiniz başkaları üzerinde büyük bir etkiye sahiptir. İyi ve güzel olduğunu düşündüğünüz şey, çoğunluk tarafından kabul edilen bir standarda karşılık gelmelidir. Bu standarttan sapar ve iyilik hakkında kendi fikirlerinizi yaratırsanız, gerçeklikle hiçbir ilgisi olmayan fikirler o zaman reddedilir ve ötekileştirilirsiniz.

İdeallerinizi evrensel değerlerle uyumlu hale getirmelisiniz. Egonuzun ötesine geçecek ve daha fazlasını öğrenmek için güce sahip olmalısınız. Liderin bir özelliği, öğrenmekten asla vazgeçmemesidir, her zaman bilmesi gereken başka bir şey olduğunu düşünür ve bunu daha iyi olmak istediği için yapar.

Hayat bazen bizim için zordur, ancak sadece değişimi benimsemeye zorlandığımız yeni unsurları tanıtmamıza yardımcı olmak içindir. Bu değişim, sizin kişisel gelişiminizden başka bir şey değildir. Konfor alanımızdan çıkıp daha fazlasını yapabilmemizin tek yolu bu. Tam kapasite ile hareket etmemizi gerektiren bir zorluğumuz olduğunda, hayal ettiğimizden çok daha fazlasını yapabileceğimizi keşfederiz. İçimizde fark etmediğimiz ve kullanmadığımız kaynaklar ve yeteneklerimiz olduğunu görüyoruz. Bu zorluklar hiçbir şey yapmaz ama bize muazzam bir potansiyele sahip olduğumuzu hatırlatır. 100 hayat yaşamak için yeterli enerjimiz var ve bu potansiyeli evrimleşmek ve daha iyi bir yaşam sürmek için kullanmayı seçmek bize kalmış.

KARIZMA 15

Kendimizi şu anda iyi olduğumuz, ancak yarının bize ne getireceğini bilmediğimiz konfor bölgesinde de barikat kurmayı seçebiliriz.

Durumları yönetmeyi öğrenin ve çözümler üretip uygulamak için eğitim alın. Yönetilecek birçok olasılık var, bu zorlukların bizim için ne kadar önemli olduğuna bağlı. Ne kadar önemli? Temelde önemliyse, kendimizi diğer herkesi ve hatta kendimizi geçecek kadar enerji üretirken bulacağız. Bunu önemli bir sorun olarak görmezsek, çözme zahmetine girmeyiz. Kendini çözeceğini umarak onu paralel bir düzlemde bırakacağız.

Mağdur veya suçlayıcı olmaktan kaçının. Hayatın doğru olduğunu ve yaptıklarınızı üstlenmeniz gerektiğini anlayın. Güçlü ve sorumlu insanların yaptığı budur. İnsanların geri kalanı kendi başarısızlıklarından dolayı suçlu görünüyor. Kaynaklarını doğru yönetmedikleri veya görevleri tamamlamak için çok fazla güce sahip olmadıkları gerçeğine karmaşık açıklamalar yapmaya çalışıyorlar. Net bir planınız yoksa, olan her şeyi suçlarsınız. Birisi başarılı olursa, bunu şanslı olduğu için yapar. Çok basit ama aynı zamanda böyle düşünmek de çok uygun, ancak o kişinin başarısına neden olan sebeplerin ne olduğunu görmek çok daha zor. Ne planı vardı ve nasıl işledi? Başarının nedenleri ve etkilerinin derinlemesine bir analizini yaptıktan sonra tek yapmanız gereken kendi eylem planınızı yapmak ve başarılı olmaya çalışmaktır.

Her şeyin ötesinde, kim olduğunuzu seçin. Birçoğu karizmatik oldukları düşüncesiyle yaşarlar, ancak izlenim başkalarının görüşleri ve gösterdiğiniz gerçek etkiyle desteklenmelidir. Karizmatik etkinin önceden belirlenmiş bir modeli yoktur, açık bir formül değildir, daha çok bireysel unsurların, davranış unsurlarının, özelliklerin ve tutumların bir kombinasyonudur.

Karizmanın, durumları kolayca konuşma ve ifade etme ile pek çok ortak noktası vardır. Karizmatik bir insan kelimeleri nasıl kullanacağını bilir. Kelimelere hayat verir ve sözlü olmayan iletişimin diğer biçimlerinin yardımıyla onları nasıl destekleyeceğini bilir. Karizmatik bir insan konuştuğunda herkes tarafından duyulur ve anlaşılır.

Gelişiminizle, sizi geliştirecek birkaç prensibi uygulayabileceğinizi, sizi alanınızdakilerin önüne yerleştirebileceğinizi göreceksiniz. Sizi hem sahip olduğunuz kaynakları hem de çalışmanızın sonuçlarını çoğaltma gücüne sahip olduğunuz daha yüksek bir evrim düzlemine atlayacaklar. Başka nasıl olur da bazı insanlar yoksulluğun alt sınırında mücadele ederek ayda birkaç yüz dolar kazanabilirken, diğerleri dürüstçe milyonlar kazanabilir? İki kategori arasındaki fark hiçbir şekilde inanmak isteyeceğimiz kadar büyük değildir, ancak ilk kategori hala başarının ne olduğunu merak etmektedir. İkinci kategoride yer alanlar ise bazı başarı ilkelerini öğrenip hayatlarında hemen uyguladılar.

Korkuları ve şüpheleri düşünmeyi reddedin. Tüm bu düşünceler sizi şu anda sahip olduğunuz yaratıcı enerjiden mahrum edecek. Sadece sizi sürekli eleştiren ve özgüveninizi zayıflatanlarla arkadaş olmayı reddedin. Hayallerinizi çalan ve sizi değişimin destekçisi değil koşulların kurbanı olduğunuz bir aşamaya getirenlerin yanında olmayı reddedin.

Güçlü kelimeler kullanmayı öğrenin. İster insanların ortasında olun ve onlarla konuşun ister sizinle bir odanın sessizliğinde veya doğada bir diyalogda olun, tüm sözlerinizin güçlü olduğundan emin olun. Bu sözler aracılığıyla iletirsiniz veya daha doğrusu, güven ve güvenlik ifade edersiniz. İnsanların ihtiyacı olan bu, onlara istikrar sağlayacak sabit bir nokta, onlar için bu sabit nokta olsun ve nereye giderseniz gidin sizi takip edecekler.

Sesini olabildiğince hoş olacak şekilde eğitin. Hoş bir ses, aksi takdirde çok uzun bir süre kapalı kalacak birçok kalbi ve birçok kapıyı açar.

Topluluk önünde konuşma ile ilgili her konuda ustalaşın. Değer Kültürü, bu harika alanda son derece önemli iki kitapla size yardımcı olabilir.

KARIZMA 17

Sıkılaştırmak karizmanızı anında iptal eder. Durumunuzu kontrol edin ve çevrenizdeki insanları kontrol edebileceksiniz. Esnek olun ve önyargılı fikirlerle ayrılmayın, duruma göre uyum sağlamayı seçin. Bir profesyonel olun ve sırada ne olduğunu tam olarak bilmeseniz bile bir sonraki adıma hazırlıklı olun. Başarınız, aklınızdaki bir klişedir. Bu klişeyi kaybederseniz başarı şansınızı da kaybedersiniz. Statik bir imaj olabilen bu klişeden başarılı bir insanda görülen bir şey varsa, kendi başarı hikayenizi yeniden yaratabilirseniz, bir başarı filmini zihinsel olarak yansıtabilirseniz, o zaman kesinlikle başarılı olmak için tüm gücünüze sahip olacaksınız.

İnsanlar işlerin yozlaşacağı ya da kötü olacağı düşüncesiyle yola çıkmaz, iyi niyet ve anlayış dolu bir yolculuğa çıkarlar. Diğerlerine bir şans veriyorlar. Karizmatik biriyseniz, bu iyi niyeti bir üst seviyeye taşıyarak ve bir güven anlaşmasına dönüştürerek kullanabilirsiniz. Karizmasını nasıl kullanacağına karar veren sizsiniz. Bu kitapta olumlu bir özellik olarak karizma hakkında yazdım, ancak tarihte o kadar çok karizmatik insan yıkıcı olmayı seçti, ulusları savaşa ve ülkeleri yıkıma götürdüler.

Akranları için daha iyi bir gelecek inşa etmek için enerjilerini ve güçlerini kullanmak yerine, alçak, bencil ve aşağılayıcı duygular tarafından yönetilmelerine izin vermeyi seçen kanlı diktatörler. Sonunda, bu karakterler tarihi ne kadar değiştirmeye çalışırsa çalışsın, denge yeniden sağlandı ve etkileri kayboldu, yaralar iyileşti.

Büyük tarihi şahsiyetler, güçlü liderler, askeri dahiler, ruhani liderler, din adamları, besteciler veya film yıldızları gibi karizmatik olmak isteseniz bile, performanslarına uyma şansınız oldukça düşük olacaktır. İmkansız olmayacak, ancak büyük bir çaba ve peşin ödemek istemeyeceğiniz bir bedel gerektirecektir. Kendinizi onlarla kıyaslayamayacaksınız, ancak kişisel gelişiminizi uygularsanız ve etkinizi arttırırsanız ve daha karizmatik olursanız, o zaman olumlu bir değişim ve bir evrim hayatınızda otomatik olarak görülecektir.

18 SILVIU VASILE

Çoğu insan karizmatik olmanın doğuştan gelen bir nitelik olduğunu düşünür. Karizmatik etki öğrenilebilir. Bunu gerçekten istiyorsan bugün bile. Etrafınızdakiler üzerinde sahip olduğunuz kişisel etki, size üretebileceğiniz karizma seviyesini açıkça gösterir. Sadece bir kez gördüğün ama seni bir şekilde etkileyen insanlar var. Hemen unuttuğunuz başka insanlar da var.

Güçlü bir karizma aynı zamanda güçlü bir bağlılık yaratır. Lider iseniz, bunu zaten biliyorsunuzdur. Gerçek bir lider olmak istiyorsanız, bunları hesaba katmanız ve ekibinizdekilerin sizin için daha zor olduğunda sizi terk etmeyeceklerinden, yanınızda olacaklarından emin olmalısınız. Lider değilseniz, çevrenizdekilerin sözlerini tutmalarını sağlayarak karizmayı kullanabilirsiniz. Ne kadar küçük veya büyük olursa olsun, partnerinizden söz almadan toplantıdan ayrılmayın. Almak için sormayı öğrenin. Utanmayın, ne soracağınızı, nasıl soracağınızı ve ne kadarını soracağınızı biliyorsanız, çoğu durumda başarılı olacaksınız. Karizmatik olduğunuzda, varlığınız ve etkiniz başkalarını size sözlerini tutmaya zorlar.

1. Canlılık

Hayati insanlar, enerjisi az olanlardan daha hoştur. Başkalarına içinizde yaşam olduğunu, son derece aktif ve enerji dolu olduğunuzu göstermek son derece önemlidir.

Hayati olmanın kanıtlanmış tek bir yolu var, yani spor. Zamanla rekor kıran ve uzun yıllar rekor defterinde kalan sporcular oldu. Olimpiyat ve dünya şampiyonları vardı, performans sporcuları vardı, sağlığı ve keyfi için spor yapan insanlar vardı. Bu insanlar spor yapmayı ve bu kültürde yaşamayı seçmişlerdir, hayatları boyunca yaptıkları her şey, gerçekleştirdikleri spor faaliyetlerinden az ya da çok etkilenmiştir.

Konfor bölgesinde oturmayı seçen ve asla spor yapmayan çok sayıda insan var. Fazla kilolu hareketsiz bir yaşam tarzı seçerler, çoğunlukla obezite ve hastalığa yol açan dengesiz bir diyetle. Vücudunuz, nasıl bakılacağını yalnızca sizin seçtiğiniz tapınağınızdır. Koşmaya başlayın, hareket edin, sağlıklı bir yaşam tarzı benimseyin.

Başlangıçta beş dakika bile olsa her gün egzersiz yapmayı seçin. Hafif ağırlıklarla diz çök veya çalış ve birkaç ay içinde nasıl daha iyi bir insana dönüşeceğini göreceksin.

2. Yiyecek

Ne yersek oyuz. Oksijenle birlikte, beslenmemize yardımcı olan şeydir, bu yüzden ne yediğinize dikkat edin. Son zamanlarda, özellikle piyasadaki yiyeceklerin büyük çoğunluğu herkesin korktuğu ve vücuda zararlı olan katkı maddelerini içerdiğinden, bu konuya giderek daha fazla insan ilgiyle bakmaya başlıyor.

Hipermarkette bulduğunuz yarı hazırlanmış yiyecekler genellikle bize zararlı koruyucu maddeler ve kimyasallarla doludur. Bu yüzden öğrenmeye ve evde yemek yapmanın zevkini yeniden keşfetmeye başlamalıyız. Tabakta bulunan malzemelerin neler olduğunu bilmek ve özellikle onları olabildiğince sağlıklı hale getirmeye çalışmak. Yemek yapmak sadece bir ev aktivitesi değildir, aynı zamanda yüzleşmemiz gereken bir zorluktur, yaratıcılık ve yaratıcılığın bir birleşimidir, tatları dengelemeyi ve yeni mutfak seçeneklerini keşfetmeyi temsil eder.

Yiyecekler fiziksel görünümle yakından ilişkilidir, yemek yeme şeklimiz görünüşümüze aktarılır. Sağlıklı insanlar, tüm besin gruplarından az ve sağlıklı yemeyi seçerler. Dengeli bir diyet seçerler ve düzenli olarak egzersiz yapmayı ve egzersiz yapmayı seçerler. Batı'da pek çok bozulmuş yiyeceğin çöpe atıldığı gerçeğine ek olarak, dünyanın diğer yerlerinde insanlar açlıktan ölürken, insanlar olması gerekenden daha fazla yemek yeme eğilimindedir ve genellikle kalorisi yüksek veya aşırı tatlılar.

3. Benlik saygısı

Özgüven ve alçakgönüllülük arasındaki mükemmel dengeyi nasıl bulacaklarını bilirlerse, yüksek özgüvene sahip kişiler başkaları tarafından aranır. Öz saygı ve inandığımız temel değerlerle nasıl ilişki kurduğumuzla doğrudan ilişkili olan aşağılık kompleksi ve üstünlük kompleksi vardır. Çok fazla özgüveniniz varsa, duyarsız, üstün ve sinir bozucu hale gelirsiniz, insanlar sizden kaçacak ve toplumun ortak değerler olarak tanımladığı "normallikten" çıkmayı seçtiğinizde sizi yargılayacaktır.

Düşük saygı, irade eksikliğini, sizin olan her şey için, hak ettiğiniz şey için savaşamamanızı gösterir. Geri bildirime uyum sağlayamama ve gelişememe. Söyleyecek hiçbir şeyin olmaması, kanıtlayacak hiçbir şeyin olmaması, ne olduğunla tatmin olman, mütevazı olduğun anlamına gelmez ama bu, toplumsal hayatta kalma işlevlerini etkinleştirmemiş olduğun anlamına gelir. Daha fazlasını istemek ve daha fazlasını yapmak kesinlikle normaldir. Fikirler dünyasından gerçek dünyaya getirmek istediğiniz hayallerin olması normaldir.

Benlik saygısı, her gün kendinizle kurduğunuz içsel diyalog yoluyla inşa edilir. İçinize derinlemesine bakın, bağırın ve bir cevap aldığınızı göreceksiniz. Size cevap veren o ses, hayatın güzel olabileceğini, hayatın başarıya giden yoldan başka bir şey olmadığını ve iş ve adanmışlıktan sonra gerçek başarıya ulaştığınızda o sesin size teşekkür etme anını bulacağını anlamalıdır.

4. İlk izlenim

Giyinme, kendinize iyi bakma ve bakma şekliniz, yaptığınız ilk izlenimdir. İyi ya da kötü ise, değiştirebileceğinizi bilmelisiniz, ancak zorlukla. İlk izlenimin aynı zamanda son izlenim olduğu söyleniyor; Başkalarının değerleriyle nasıl ilişki kurmayı seçeceğiniz ve onları tanıdığınızı ve bu değerleri gerçekten önemsediğinizi nasıl göstereceğiniz size kalmış. İnsanın duyabileceği en hoş kelime kendi ismidir. Bu gerçeği nasıl tercüme ederiz? İsimlerine saygı duyduğumuzu ve böylece onları tanıdığımızı ve kişisel değerlerini kabul ettiğimizde başkalarının takdirini kazanırız.

İlk izlenim, ne kadar karizmatik olduğunuzla ilgilidir. Hayat bir oyundur ve her birimiz bir rol oynarız. Bu rol defalarca okunmalı, bu rol yalnızken uygulanmalı, aynı zamanda parçası olduğunuz takımla ve sonunda her seferinde kusursuz bir şekilde oynamalısınız. Bunu yaparsan halk seni sevecek. Sonra karizmatik olacaksın. Karizmanın en güçlü biçimi, sizden önce gelen şöhret, başkaları için yaptığınız ve insanların öğrendiği önemli şeylerdir. Adınızı söylediğinizde hemen tanınır. İzleyicileriniz için ilk izlenim, son gösterinizde başkaları üzerinde bıraktığınız izlenimdir.

Bu karşılaştırmayı anladıysanız, yapmayı seçtiğiniz bir işte neden profesyonel olmanız gerektiğini anladığınızı düşünüyorum. Adınız ve itibarınız söz konusu olduğunda profesyonel olmalısınız.

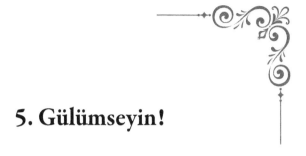

5. Gülümseyin!

Bir gülümseme, insanlar arasındaki iletişimi açar. Samimi bir gülümseme, diyaloğa ve iletişime açıklığı gösterir. Mümkün olduğunca gülümsemeye ve sevmeye alışın. Çeşitli durumlarda insanlara gülümseyerek kendinizi şaşırtın ve bu gülümsemeye dürüstçe yanıt verin. Gülümseme, fizyonominizi değiştirir ve güzel tarafınızı gösterir, eğer gülümseyen bir çocuğa bakıp da bir zamanlar çocuk olduğunuzu unutmazsanız. Bu saflığı sonsuza kadar kaybetmedin ve eğer istersen, onu geri kazanabilirsin.

Gülümseme, insanlar arasında bir iletişim kanalıdır; hissedilen sevincin ötesinde, kişinin başardıklarından nasıl zevk alacağını bilmesinden ve o küçük sevinçlerde daha büyük bir başarının ön izlemesini görmesinden, bir gülümseme olumlu düşünceden gelebilir.

Gülümseyin ve insanlar onlara nasıl verileceğini bildiğiniz iyiliğe geri dönecek. Gülümsemeniz sadece bir yüz buruşturma değil, kalbinizden fışkırıyorsa, o gülümseme, başkalarının incinmemek için etraflarını inşa etmekten yorulmadıkları duvarların ötesine geçebilir.

İnsanlar, iyi bir insan olup olmadığınızı, doğuştan bir lider olup olmadığınızı, bir değer olup olmadığınızı ve onlara yardım edip edemeyeceğinizi hissederler. Bu nedenle, kendinizi kişisel olarak geliştirerek, performansınızı seçerek, başarı şansınızı sürekli artırabilirsiniz. Daha önce de söylediğim gibi, hiç kimse size% 100 başarıyı garanti etmiyor, başarı niteliklerin bir karışımıdır ama aynı zamanda vizyonla iki katına çıkan özgüven artışıdır. Gelecekte vereceğimiz başarının çapası bir gülümsemedir diyebiliriz diye düşünüyorum.

6. Güzellik

Güzellik daha çok bir durumdur. Ruhunuzun bir görüntüsüdür. Düşüncelerinizin aynasıdır. Kendinizin güzel bir görüntüsünü zihninizde tutun ve onu gerçekler arasında tutmaya çalışın. Güzel insanların olduğu gibi olun: dürüst, çalışkan, kibar.

Güzellik, belirli bir grubun paylaştığı bir dizi nitelik tarafından, o grubun ortak değerleri tarafından verilir; grup için dürüstlük en büyük niteliklerden biriyse, o grubun üyelerinin en dürüst olanı, ortak bir görünüme sahip olsa bile güzel olarak kabul edilecektir.

Güzel bir adam tam bir adamdır. Birbirinizi tam olarak anlamamak, çünkü mükemmelliğe ulaşmak oldukça zordur, ancak güzel olmak için her birinden biraz alabilirsiniz. Güzellik, doğayla, başkalarıyla ve kendimizle her zaman ilişki kurma şeklimizde fiziksel ve ruhsal uyumda yatar. Çoğu insan, bir kişinin şirketindeyken önceden çalışılmış bir davranışı benimser ve artık onları kimsenin görmediğini düşündüklerinde, gerçek karakterlerini gösterirler.

Güzellik; performans, çalışma, hırs ve kararlılık demektir. İşler istediğiniz gibi gitmese bile aynı yoğunlukta başarı dileme gücü. İrade fazlasıdır. O ruhunuzun bir parçasıdır, ortak engellerin üstesinden gelen ve sizi başka bir evrimsel aşamaya yükselten güçtür. Güzellik ruhtur, zamanda kalan şeydir.

7. Bilge olun!

Alıntıları okuyun ve ezberleyin. En ilginç olanları dikkatlice seçin ve onları konuşmalarınızda kullanmaktan çekinmeyin. Bu alıntıları yürekten söylerseniz, ancak söyledikleriniz üzerinde biraz kontrol sahibi olursanız, o zaman başkalarının bu bilge kelimeleri görmezden gelmeyi seçtiği basit nedenden dolayı bilge bir kişi yerine geçersiniz.

Kibirli olmayın, sadece önceki kelimeler gibi söyleyin. Hayatlarını insan doğası ve çevremizdeki dünyayı merak ederek geçiren insanların sözlerini kullanarak ikna edici olabilirsiniz. Sözleri şimdi dudaklarında ve sesinle duyuluyor. Ama size bir güç unvanı veriyor çünkü onları tanıtıyorsunuz, değerlerini sizi dinleyenlerin zihnine getiren sizsiniz.

Bilgelik, belirli uzun vadeli ve çok uzun vadeli projelere önemli zaman, para ve enerji kaynakları tahsis etme yeteneğinizle de verilir. Yarın gerçekleşmeyecekler, somut sonuçlar görmeniz yıllar alabilir ama bence en önemli şey, sonuçlar görüldüğünde bir basamakla gelecekler. Burada da 20/80 kuralı uygulanabilir, yani: yatırımın% 80'ini yapacaksınız ve meyvelerin sadece% 20'sini, kalan% 20'si için diğerini alacaksınız. Meyvelerin% 80'i. Başarı ihtimali olmayanlar için yatırım değersiz görünecek ve her şey çok pahalı.

8. Oku

Okumak sizi cehaletten kurtarır. Okumak, sürekli olarak Evreninizi genişletir ve şu anda deneyimlediğiniz şeyin ötesinde rahatlık bölgesinin ötesini görmenizi sağlar. Başarılı insanlar gelecekte yaşarlar, oradan o geleceğin bir parçasını bugüne taşımaya çalışırlar; başarısız insanlar şimdiki zamanda yaşarlar ve sadece şimdilik, gelecekten korkar ve onu tüm güçleriyle reddetmeye çalışırlar.

Hızlı okuma ve hızlandırılmış öğrenme gibi gelişmiş bilgi erişim tekniklerini seçin. Bunu yaparsanız, her gün sadece 20 veya 40 dakikada bir kitap okuyabilirsiniz. Yakında grubunuzdaki en bilgili kişilerden biri olacaksınız. Herkesten çok daha hızlı ilerleyebileceksiniz. Çevrenizdekilerin takdirini kazanacak ve son derece karizmatik olacaksınız. Gençseniz, mevcut durumunuzun üstesinden gelmenize yardımcı olacak kaliteli bilgilerle zihninizi beslemeye başlayın; zamanla özgüveninizin artacağını ve bununla birlikte karizmanızın artacağını göreceksiniz.

Hızlı okuma, size kazanma avantajı sağlayacak bir yaratıcılık ve süper yaratıcılık durumuna getirecektir. Gençlerin çoğu okumamayı tercih ediyor, zamanlarını boşa harcamayı seçiyorlar. Bence en çok maruz kalan gençler. Toplum gençlerin geleceği desteklemek zorunda kalacağını anlasa bile, iyi maaşlı bir iş bulamıyorlar, daha fazlasını yapmaya çalışıyorlar ve toplumun desteğini bulamıyorlar.

9. Tutku

Yaptığınız her şey için tutkulu olun. Yaptığını sevmek. Bir milyon kelime yazmak için yazmayı sevdim, kendimi yoğun çalışmaya adadım ve dizüstü bilgisayarımın başında gözlerim dolana kadar oturdum, uykuya daldım ve parmaklarım yazmaya devam etti. Aynı anda rüya görüyordum ve yazıyordum ve uyandığımda bu kelimeleri silmem ve kaldığım yerden mantıksal iş parçacığına devam etmem gerekiyordu. İçimde, belirli bir şeye olan sevginin size verdiği gücü hissettim.

Gerçek tutku, etrafınızdakiler için büyüleyicidir. Gerçek bir lider, insanların kendisini en zor davalarda takip etmesini başka nasıl sağlayabilir? Tutkunuzu paylaşın, yolunuzda kalmaya kararlı olduğunuzu gösterin. Bu içsel güç, başkalarının sizi takip etmesini sağlayacaktır. Tıpkı uyduların yıldızların etrafındaki gezegenlerin ve gezegenlerin etrafında çekim yapması gibi, insanlar da diğer güçlü insanların, liderlerin etrafında dönerler.

Tutku sizi içinde bulunduğunuz sıradanlık alanından kurtaracaktır. Dahice anlar yaşarsınız ve sonra konfor bölgesine geri dönersiniz. Tutku, birkaç dakikalık çalışmada değil, birkaç hafta ve aylarda tüketilen fantastik bir iç enerji geliştirir ve tüm bu üstün enerjiyi nasıl üreteceğinizi bilirseniz, hayatınızın geri kalanında sizi sürdürecektir. Kaliteli şeyler yapmayı ve çevrenizdeki insanlarla kaliteli zaman geçirmeyi öğrenecek, yol boyunca karşılaştığı en büyük zorluklarda başarılı olabilecek başarılı bir insan olacaksınız.

10. Kişisel değer

Karizma, çeşitli yaşam koşullarında birbirine bağlanan iki kişi arasındaki bir değer aktarımıdır. İkna ile yakından bağlantılı olduğunu görüyoruz. Bu transferin ardından mutlu bir kazan-kazan durumunda olacağız. Değeriniz ne kadar yüksekse, ne kadar canlı olursanız, ne kadar pozitif olursanız, o kadar çok gülümserseniz, başkalarından beklentiler yaratırsınız. İnsanlar, ucuz ve kişisel olmayan şeylere değil, değerli şeylere ilgi duyar.

Gerçekten karizmatik bir insan olmak istiyorsanız, kişisel değerinize yatırım yapmanız gerekir. Özellikle bu yatırımın günlük veya neredeyse günlük olması ve tüm hayatınız boyunca olması gerektiğinden kolay bir yol değildir. Bu yatırım irade ve motivasyon gerektirir. Vazgeçmek çok daha kolay, daha azıyla yetinebileceğinizi söylemek çok daha kolay ama öyle değil. Asla tatmin olmayacaksın, her zaman başka bir performans seviyesinde olanlara, başarılı insanlara bakacak ve onlar gibi olmak isteyeceksin. Aynı kişisel başarının tadını çıkarmak isteyeceksiniz. Kişisel gelişiminize yatırım yapmaya devam ederken, bir şeyleri değiştirebiliyorken bu yönü şimdi anlayın. Değer Kültürü'nü yazdım, bu kitap 12 kitaptan biri, kişisel başarıya giden yolda önemli adımlar atmanıza yardımcı olacak bu akıllı yatırımlardan bahsediyorlar.

Başarınızı kimse garanti etmiyor, size söyleyebileceğim şey, değerinizi sürekli olarak artırmayı seçerseniz şansınızın çok daha yüksek olacağıdır.

11. Mizah

Bir otobüste yaşlıları izleyin. Asla gülmediklerini, gülümsemediklerini göreceksiniz. Yaşam ve yaşamayı seçtikleri bu armağanı, her birimizin sahip olduğu bu ayrıcalığı onları ellerinden aldı. Hastalık, faturalar, borçlar ve sorunlar hakkında sadece bakan ve düşünen bu kişisel olmayan yüzlerin imajı karizmatik insanlara ait değil.

Ya iyi bir yaşlı adam bir otobüse atlayıp başka bir yaşlı adama hikaye anlatırken güzelce güldüyse? Kahkahanın tüm otobüse bulaşacağını düşünüyorum, sonunda şoför de biraz gülümseyecek. Ve yine de olmadı, şahsen böyle bir adamla tanışmak istesem bile böyle bir şey görmedim.

Mizah sadece şaka yapmak değildir, kendinizi o moda sokmakla ilgilidir. Bir şeyden zevk almak demek, yeniden çocuk olmak ve sadece bir çocuğun sahip olabileceği o saflıkla, neden olmasın, o tarafsızlıkla bakmak demektir.

Bazen kendi kendine ironik olman gerekir çünkü bu saklayacak hiçbir şeyin olmadığı anlamına gelir. Dürüst olduğunuzu. Veya sadece kötü olduğunu düşünenleri tatmin edersin. Eğer böyle insanlar varsa, onların fikrini asla değiştiremezsiniz, onların sizin hakkınızda zaten düşündüklerini sökemezsiniz. Kendi kendine ironi, size meydan okuyan herkesi yatıştırmak için başarıyla kullanabileceğiniz bir silahtır.

12. Kalite bilgisi

Çevrenizde olup biten her şeyin farkında olan bilgili bir kişi olmayı seçin. Cahil olmayın. Etrafınızdakileri ilgilendiren ancak ne olduğunuzla ve aktarmak istediğinizle bağlantı kuran konular hakkında konuşmayı seçin.

Çevrenizdeki insanlar hakkında daha fazla bilgi edinin, ne zaman doğduklarını, neleri sevdiklerini, hangi hayalleri olduğunu öğrenin ve ortak konuları bulun. Bunu yaparsan çok daha karizmatik olacaksın. Onlar hakkında bilgi ararken, inandıkları, temel gördükleri değerlerin neler olduğunu pratik olarak görürsünüz ve bu değerlere bağlı olarak kendinizi bunlara göre ayarlayabilirsiniz. Bir taraf bu değerlerden vazgeçmeden ya da iletişim kurmak veya ortak projelere dahil olmak için çaba sarf etmesi gerektiğini hissetmeden, hem sizin hem de diğerinin değerlerinin uyumlu hale getirilebileceği ortak dili bulabilirsiniz.

İkna aynı zamanda bu benzer veya özdeş durumların yaratılmasına, tesadüflerin oluşmasına; aynı ölçüde karizma da bu insan davranış kalıplarını hesaba katar. İnsanlar da aynı şekilde davranır, tesadüfler yaratmak, başkalarının sizin hakkınızda algıladığı karizmatik duyguyu güçlendirir. Bu tesadüfler olabildiğince ince olmalıdır. Bilmeniz gereken şey, tüm bu tesadüflerin zihinsel olarak programlanabileceğidir. Bunların önemli olduğunu düşünürseniz, bilinçaltı önemli olduğunu düşündüğünüz her şeyde olduğu gibi yeniden üretme modelini bulacaktır.

13. Incelik

Çok şey söylersen sıkıcı olursun. Çok az şey söylerseniz, başkalarının önünüzde yükselttiği konfor alanının bariyerini geçemezsiniz. Mesajınız bu duvardan geçmeli, ancak diğer kişi ne pahasına olursa olsun istediğinizi hissetmeden onu yırtmamalıdır. Kendisine bir şey empoze edildiğini hissederse, o zaman isyan edecek ve yararlanabileceği avantajları dinlemekten çok sizden gelen her şeyi reddetmekle ilgilenecektir. Konuşurken veya bir şey taklit ederken incelikli olmayı öğrenin. Tahmin edilebilir olmayın ve kelimeleri bir gizem havası içinde giydirmeye çalışın.

İnsanlar sizi hemen okur; tartışmayı yakından yönetin ve diğer kişiye ne söylemek istediğinizi bulma özgürlüğü verin. Bütün bunlar ancak ayrıntılı olarak düşünülmüş ve çok önceden hazırladığınız bir planı takip ederek yapılabilir. Somut bir şeyi, bir durumu veya bir duyguyu ifade etmenin mümkün olduğunca çok yolunu düşünün. Bir şeyin birçok eşanlamlısı ve çeşidiyle düşündüklerinizi zenginleştirin. Bunun için o kadar çok okumak zorundasınız ki, zihin en çeşitli bilgilere anında erişebilir.

Her zaman söylediğinizden daha fazlasını bildiğinizi göstermeyi öğrenin ve her zaman mütevazı bir insan olduğunuz, ancak onun kişisel değerinin farkında olduğunuz izlenimini verin. Her zaman, elinizden geleni yapabilecek çok az insan olduğu izlenimini veriyorsunuz. Alanınızdaki en iyi% 3 kişiden biri olduğunuzdan emin olun ve ilk% 1'e ulaşmaya çalışın.

14. Ulaşılabilir olduğunuzu gösterin

Kim olursanız olun veya kim olduğunuzu iddia ettiğiniz önemli değil, herhangi biriyle konuşma isteğinizi gösterin. Üstünlük kompleksi sadece başkalarını sizden alacak. Kendinizi üstün görmeyin çünkü daha az beklediğiniz durumlarda size iyi bir yaşam dersi verebilecek yeterli sayıda insan var. İnsanlar kibirli olanı sevmez, aksine reddeder ve sert bir şekilde yargılar. İnsanlar bencil ve kötü olduklarını düşünerek onları hayatlarından alırlar.

Hayat sana hoş olmayan dersler verebilir. Durumun kontrolünü elinde tuttuğunu düşünen insanların, kredi vermedikleri kişiler tarafından ele geçirildiği pek çok örnek var. En iyisi olduklarını varsaydılar ve bu anlayıştan etrafındakilerin değerini keşfetmekle gerçekten ilgilenmeden başladılar. Hala öğrenecek çok şeyin olduğunu unutma. Açık ol! Gülümsemek! Yaptığınız işte doğal olun!

Başkalarıyla aranıza duvar örmeyin çünkü kimse onu geçip size ulaşmaya istekli olmayacak. Çevrenizdekilere karşı açık ve samimi olun. 60.000 düşünceniz olumlu olmalı ve mümkün oldukça çok soruna çözüm bulmaya odaklanmalıdır. Ne kadar olumlu düşünürseniz, hayatınızda sizi öne çıkaracak ve gelişmenize yardımcı olacak insanları ve olayları o kadar çok çekeceksiniz. Bunun için insanlara ve onların kaynaklarına hitap edeceksiniz, ortak bir amaç için zaman, para ve iç enerjinin bir kısmını bir araya getireceksiniz. Ulaşılabilir değilseniz, asla böyle ortaklar bulamazsınız.

15. Sadece %3

Çok karizmatik bir insan olsaydın hayatın nasıl olurdu? Ya çevrenizdekilerin sempatisini ve takdirini hissederseniz? Başkaları size saygıyla baksalar ve söylediklerinizi ve yaptıklarınızı hesaba katsalar nasıl hissederdiniz? Bence böyle dışa dönük bir davranış sizi özel hissettirir ve şu anda yaptığınızdan daha fazlasını ve daha iyisini yapmak ister. Sözde halo etkisi var. Araştırmalar, yılın başında belirli bir öğretmene bir veya daha fazla öğrencinin sıradan öğrenciler olsalar bile olağanüstü olduğu söylendiğinde, öğretmenin onlarla ilişki kurarak olağanüstü sonuçlar elde ettiğini göstermiştir. İşte bir dizi açıkça tanımlanmış nitelikten çok bir karizma duygusuyla uğraştığımızın en açık kanıtı.

Karizmatik bir insan olursan, daha iyi bir iş bulacağını, daha çok arkadaşın olacağını, daha çok kazanacağını ve daha büyük bir etkiye sahip olacağını düşünüyorum. İhtiyacınız olan tek şey ekstra karizma. Bu katma değer, hayatınızı daha iyi hale getirecek.

Kişisel çekicilik kazanırsanız, ufukta görünen tüm fırsatları ve olasılıkları bir düşünün. Karizmatikseniz, kolayca lider olabilirsiniz. Karizma, her gün kendinize yatırım yapmanız gereken %3'lük oran. Hayal kurmadan önceki gecenin sessizliğinde kendinizle baş başa kaldığınız o anlarda kendinize kurduğunuz güvendir.

16. Konuşurken karizma

Konuşurken kendinden emin ve yakınsak olun, bol ve doğal hareketlerle kelimeleri destekleyin. Doğru hareketlerle. Liderler karizmatiktir. Nasıl konuşacaklarını, jest yapmayı bilirler, içsel güçlerini, sahip oldukları gücü nasıl kullanacaklarını bilirler. Yaşayan bir mıknatıstır ve çevrelerindeki diğer insanları çekme yeteneğine sahiptirler. Başarıya ulaşmak için güçlü bir kişiliği, kararlılığı ve cesareti vardır. Doğal olarak etraflarındaki insanları o ışığa çekerek enerji yayarlar.

Bu içsel güce sahip olduğunuzun farkında olmanın ve onu günlük olarak egzersiz yapmanın son derece önemli olduğunu düşünüyorum. Bu bir durumdan daha fazlasıdır, sahip olduğunuz ve zamanla gelişen ve değişen bir duygudur. Kendinize ve konuşurken karizmatik olma yeteneğinize inanmanız gerekir; bu, konuşmak istediğiniz anları dikkatlice ve önceden hazırlamanız gerektiği anlamına gelir. Bunları zihninizde defalarca uygulamanız, programlamanız ve mümkün olduğunca sık görüntülemeniz gerekir. Bu basit yöntemin gerçekten işe yaradığını ve kullanıp kullanmamanın size bağlı olduğunu göreceksiniz. Ayrıca sizi şaşırtan anlar, beklemediğiniz şeyler var ve bu anlar için standart tepkilere ve cevaplara ihtiyacınız var. Başa çıkması zor durumlardan kurtulmanın yolları, özellikle de şaşırırsanız.

Siz konuşurken karizma, kelimeleri sembollerle doldurmak ve onları incinmemek için başkalarının inşa ettiği duvarın ötesine taşımaktır.

17. Kişisel değer

Söylediklerinize tutku katın, metaforlar kullanın, konuşmanızı canlandırın ve aradıkları şey için ideal aday olduğunuza insanları ikna edin. Elbette sizden çok daha iyi, çok daha yetkin insanlar var; ama oradasın ve belirli bir ortak proje üzerinde hemen çalışmaya başlayabilirsin. Artık başka bir yere bakmak zorunda değilsiniz, evren buluşmanız için komplo kurduğu sürece önemli kaynakları ve zamanı boşa harcamak zorunda değilsiniz.

Değerli olduğunuzu ve sizin gibi birini bulmanın kolay olmadığını anlamalarını sağlayın. Onlara sizin için de çok önemli olduklarını gösterin. Ama onlara projelerinizin artık onlarla işbirliği yapmanıza izin verdiğini, zamanınızın çok değerli olduğunu ve başkaları tarafından yüksek talep gördüğünüzü söyleyin. Bunun abartı olmadığından emin olun, müzakerelerden her zaman eşit derecede iyi geliştirilmiş bir B planına sahip olmayı öğrenin.

Başarılarınız, eğitim, akıl, bilgi ve deneyim yoluyla değerinizi gösterin. Bunun için "hale efekti" ni kullanın ve kişisel değerinize göre yeni seçenekleri keşfedin. Kendinizi herkesin beklediği bir şeyi istemekle sınırlamayın ve kendinizi sıradan şeyler sunmakla sınırlamayın. Sıradan bir insanın takdir edilmesinden başka takdir edilmek istiyorsanız, bundan daha fazlasını yapmalı ve sıradan bir insanın yaptığından daha fazlasını yapmalısınız. Kişisel değeriniz, karizmanızın önemli bir bileşenidir. Bu, sizin ve gelecekteki gelişiminiz için bir varlıktır.

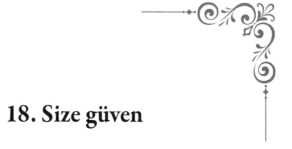

18. Size güven

Bir beceri olarak karizma, ciddi olarak düşünülmesi gereken bir konu olmalıdır. Özgüven seviyesi son derece yüksek olmalıdır. Bu güven, dünya, fenomenler ve onu yöneten yasalar hakkında derin bir bilgi birikimiyle ikiye katlanmalıdır. Kendine güven, kaliteli bilgiye erişimle birlikte gelen daha yüksek bir bilgi düzeyi tarafından oldukça yüksek bir yüzde olarak verilebilir. Hızlı okuma ve gelişmiş bilgi erişim teknikleri, tüm bu önemli ilkeleri anlamanıza yardımcı olacak şeylerdir.

Bağlantı kurduğunuz insanlar üzerinde güçlü bir izlenim bırakacaksınız. İlk başta doğal olmayacaksınız ve birçok kişiye kibirli görüneceksiniz, ancak bu gelişim sürecine gelişmek arzusuyla, sürekli geri bildirime dikkat ederek ve her zaman davranışınızda yanlış veya abartılı olanı düzeltmenin yollarını aramakla girmek önemlidir.

Kendinize güveninizi yüksek tutun ama küstahlık etmeyin, tevazunun bazen yaramaz davranıştan daha fazla takdir edilebileceğini öğrenin. Yine de değerinizin farkında olun. Güven, daha önce yaptığınız işlerden de gelir. Belirli başarılara sahip olduğunuzu bildiğinizde, zor veya karmaşık durumlarda başardığınızı bildiğinizde, belirli zorluklarla yüzleşmek için içsel güce sahip olduğunuzu bilirsiniz. Sonuçta biz bir hatıralar toplumuyuz, yarına iyimser bakmamız için bize güven veren, gerçek başarının bize daha yakın olduğunu ummamızı sağlayan bir dizi başarı.

19. Kişisel başarı

Başarı göreceli bir kavramdır ve yine de her birimiz onun ne zaman başarılı olduğunu hisseder ve biliriz. Sevindiğimiz an, belirlediğimiz hedeflere ulaşıldığını gördüğümüz an. Belirli bir hedefi ilk düşündüğüm andan, ona ulaştığım ana kadar belli bir dönem geçiyor. Süre ne kadar uzun olursa, hedefimiz o kadar büyük ve kaynakların tüketimi o kadar büyük olur.

Güzel bir aileniz, büyük ve ferah bir eviniz, iyi maaşlı bir işiniz, gerçek arkadaşlarınız veya maddi veya maddi gücünüzün yettiği herhangi bir yapıya sahip olduğunuzda başarılı olabilirsiniz.

Analiz etmek isterseniz, hayatta karizmatik insanların diğerlerinden daha başarılı olduğunu göreceksiniz. Öte yandan başarılı insanlar karizmatiktir. Bir noktada kapanan ve kendini besleyen bir çemberdir. Başarı nadir bir değerdir çünkü çok az insan hedeflerini doğru belirleyebiliyor, adım adım takip edebiliyor, sonuç alabiliyor ve önemli yaşam dersleri, bakış açılarını değiştirecek, onları daha iyi hale getirecek, gerçek değerlerini anlamalarına yardımcı olacak dersler alabiliyor. Başarılı insanlar, zengin olsalar bile çoğunlukla mütevazı insanlardır. Lüks sergilemiyorlar, para israf etmiyorlar, ancak sahip oldukları her şeyden zevk almayı öğreniyorlar ve yardım yoluyla başkalarına yardım etmeye mümkün olduğunca çabalıyorlar.

20. Gerçek değişim

Bir kişi değişmeye isteklidir:
- Kısa vadede - bu değişiklik dışarıdan gelir, rastgele faktörlerin neden olduğu bir yüzey değişikliğidir.
- Uzun vadeli veya ömür boyu - bu değişim içimizden gelir ve bizim gelişme ihtiyacımız tarafından üretilir.

Her zaman geçebileceğimiz bir çizgi vardır. Koşullarımızın üstesinden gelmek ve daha iyi olabilmek için, inandığımız temel değerlerimizi tehlikeye atan faktörlerle konfor bölgesinden çıkmalı veya o konfor bölgesinden çıkmaya zorlanmalıyız. Değişimin kurbanları olmaktansa değişimin destekçileri olmanın daha iyi olduğunun bilincinde olarak, kendimizi ve sevdiklerimizi değişimden korumak için konfor alanımızdan çıkıyoruz.

Hayat bazen sizi bunu yapmaya zorlar ve geriye dönüp baktığınızda orada çok uzun kalamayacağınızı anlarsınız. Daha iyisi için değişim, beraberinde orta ve uzun vadeli faydalar getirir ve bizi hoş, karizmatik ve etkili insanlara dönüştürür.

Ne kadar çok çaba değişim gerektirirse, çevremizdekilerin takdirini o kadar çok alır ve özgüvenimizi geliştiririz. Başarıya giden yol bazen son derece zordur ve çoğu pes etmeyi seçer, ancak başarı sizi karizmatik yapar çünkü gerçek nitelikleri vurgular ve bazı zayıflıkları ortadan kaldırır.

21. Verme gücü

Sahip olduklarınızı başkalarıyla ne kadar paylaşmak istiyorsunuz? İnsanlar abartma eğilimindedir, onlarla konuşursanız herkes sizi iyi ve cömert, sevgi dolu ve adil olarak görür. Eğer durum buysa, neden bu kadar kötü ve çevremizde bu kadar çok acı var? Verme gücü sizi sıradan bir insandan çok karizmatik bir insana dönüştürebilir. Bu güç ruhunuzdan geliyorsa ve sadece bir pazarlama ürünü değilse, o zaman insanların kalplerine dokunabilecek ve paradan daha fazlasını kazanacaksınız, onların saygısını ve takdirini kazanacaksınız.

Bilgi, maddi veya manevi değerleri kendinize saklarsanız çok da önemli değildir. Herhangi bir yazar, içsel durumlarını halkla paylaşmak için yazar. İnsanlara deneyimlerini veya sahip olduğu hisleri vermek için yazıyor. Bunların hepsi aslında yatırımdır, kitaplar bilinir hale gelmenin bir yoludur, bu reklamı işiniz için bir "kaldıraç" olarak kullanabilirsiniz.

Yaptığınız işte profesyonel olmak için ne kadar yatırım yapmaya hazırsınız? Her zaman ortaya çıkan sorunlara çözüm bulmaya ne kadar dahil oluyorsunuz? Katılım ve paylaşma arzusu, karizmatik bir kişinin, başarılı insanların gerçek nitelikleridir. Sadece başkalarıyla daha çok başarılı olabileceklerini, ancak başkalarını severek, onlarla ve kişisel değerleriyle empati kurarak kalıcı şeyler inşa edebileceklerini, zamanlarını, enerjilerini ve paralarını verebileceklerini anlarlar.

22. Doğru mesajı seçin

Hangi mesajı iletmeyi seçtiğiniz her zaman önemlidir. Bu mesaj, bahsettiğiniz hedef kitlenin değerlerine göre ayarlanmalıdır. Mesajın bir desteği olmalı, bu destek sizin enerjiniz, sözlerinize ve düşüncelerinize verdiğiniz nefes. Bu nefesle onlara güç veriyorsun. Sanki başkalarına ne söylerseniz söyleyin, kelimelere ek olarak, sizden gelen "ben güçlüyüm" mesajını alırsınız. Fiziksel özelliklerle hiçbir ilgisi olmayan iç enerji önemlidir. Toplumlarının yaşamına dahil olan, hastalara, yaşlılara ve çocuklara yardım eden, içsel güçlerini paylaşan o kadar çok zayıf insan vardı ki. Pek çok genç ve sağlıklı insan toplumun bu gerçek sorunlarını görmezden gelmeyi seçti ve hayatlarını yanlış değerler, eğlence, alkol, sigara ve uyuşturucu üzerine kurdu.

Bir erkeğin gücü, sadece söylemek değil, yapma yeteneğinden gelir. Sadece tutabileceğini bildiği sözler vermek. İnsanlar, gelip çok şey yapmaya söz veren ancak kampanyada bu sözleri yerine getirmeye en ufak bir niyeti olmayan bazı politikacılardan bıkmış durumda. Her şey bir noktada cezalandırılacak bir yalan ama siyasetçi umursamıyor, sadece kısa vadede düşünüyor. Belirli faydaları elde etmesi için bir vekalet yeterlidir. Bu durumda mesaj yanlıştır ve aralarında adil ve özverili insanlar da olsa tüm politikacıların imajı değiştirilerek sürdürülür.

23. Baraj

Kendimize bakma ve algılama şeklimiz, zaman içinde gelişen bir süreçtir. Bu süreç, tüm geçmiş deneyimlerimizi, insanların bize nasıl davrandığını ve özellikle aile, arkadaşlar veya öğretmenler olsun, insanlara nasıl davrandığımızı içerir.

Bize güven duyulduysa, o zaman biz de çevremizdekilere güveneceğiz. Sürekli olarak hiçbir konuda iyi olmadığımız söylenirse, kendimize değil çevremizdekilere de güveneceğiz. Ailenin özgüvenimizi yaratmada ve güçlendirmede temel bir rolü vardır. Çocuklarımız üzerinde bilinçli veya bilinçsiz olarak sınırlamalar yaratan bizleriz. Onları başarı veya başarısızlık için programlıyoruz.

Kişisel gelişim, bu engelleri ortadan kaldırmanıza ve cildinizde iyi hissetmenize, kendinizi kabul etmeye ve kendinizi olduğunuz gibi sevmeye başlamanıza yardımcı olacaktır. Ve bu aşamadan sonra sizden daha fazlasını istemek, daha iyi olmayı aramak. Bunu düzenli ve sürekli bir şekilde yaparsanız, bir noktada başarıdan zevk alan ve kişisel nitelikleri ile takdir edilen başarılı insanların% 3'ünün zirvesine ulaşmayı başaracaksınız. Böylece, bu içsel veya dışsal koşulları ortadan kaldırıp değerimizi kabul ettiğimizde daha karizmatik olabileceğimizi görüyoruz. Kendimize karşı dürüst olursak ve gerçeğe uygun bir değer belirlersek, arkamızda karmaşıklıklar ve sınırlamalar bırakarak üzerine inşa edebiliriz.

24. Gerçekliğimiz

Algımız bizim gerçekliğimizdir. Başkalarının algısına uygun veya ondan farklı olabilir. Algı, içeriden ve dışarıdan aldığımız sinyalleri çözme ve yorumlama yeteneğimizdir. Bu sinyallerin düşüncelerimizi etkileme şekli, aldığımız eylemlere yol açar. Aslında gördüklerimize inanmayız ama zaten inandıklarımıza bakarız. Önemli olduğunu düşündüğümüz şey bizim gerçekliğimiz olur. Olumlu düşünceler bizim gerçekliğimiz olur.

Sebep ve sonuç kanunu vardır. Her zaman bu evrensel yasa tarafından şartlandırılacağız. İnsanların bize davranışlarına şaşırmayalım çünkü bize kendimize davrandığımız gibi davranacaklar. İnsanlar kendimizi olduğumuz gibi görselleştirdiğimiz bir aynadan başka bir şey değildir. Nasıl olmak istediğimize bağlı olarak seviliriz veya nefret ederiz.

Her gün sahip olduğumuz 60.000 düşünce, sürekli bilinçaltımızı besleyen ve bizi daha sağlıklı, daha iyi, daha güçlü kılan ya da tam tersine bizi yok eden düşüncelerdir. Pozitif düşünme, gerçekliğin inşasında kilit bir rol oynar. Kendimizi güçlü ve başarılı insanlar olarak görürsek, bunu sürekli yaparsak, bu niteliklere sahip olduğumuza şiddetle inanırsak, bilinçaltımız başarılı insanların sahip olduğu zihinsel işlevleri harekete geçirecektir. Çalışacak ve gerçek koşullara uyum sağlayacak bir programın nasıl yazılacağı budur.

25. Sen ve diğerleri

Karizma, başkalarının zihninde oluşturduğunuz ve sakladığınız kendinizle ilgili fikrinizdir. İlk izlenim genellikle son izlenimdir. Çoğu zaman, belirli bir grupta seçim yaparken, canlılığı yüksek olmayan ayı gibi insanlar geride kalır. Bence kimsenin istemediği, geride kalan ve sırf bir takımın parçası olmak zorunda olduğu için belli bir takıma dahil olan kişi olmak istemezsiniz.

İnsanlar çevrelerinde veya ekiplerinde yetkin insanlar ister. İlk etkiden sonra, insanlar içgüdüsel olarak belirli bir kişiye atfettiği niteliklerin miktarının doğrulanıp doğrulanmadığını kontrol etmeye çalışırlar. Zaman alan bir süreçtir, bazen karizmatik olduğunuzu onaylamanız günler alır. Kendine güven ve belirli liderlik nitelikleri, özellikle insanların senden hoşlandığını gördüğünde zamanını kısaltmanı sağlar.

Karizmatik bir insan gibi davranmaya başlarsınız ve sonunda bir olursunuz, anında insanların zihninde karizmatik olduğunuz fikrini yaratırsınız. İnsanlar sizi düşündüğünüz gibi algılar, ancak bu inanç her zaman gerçekler ve şüphesiz kişisel değerle iki katına çıkarılmalıdır. Bu şekilde karizmatik bir insan fikrini uzun süre koruyabilirsiniz. Başkalarının zihinlerinin nasıl çalıştığını anlamalı ve bir savaşı kazanırsanız tüm savaşı kazandığınızı düşünmemelisiniz; insanların size ve değerinize inanmaları için onaylara ve yeniden teyitlere ihtiyacı var.

26. İlk izlenim

İyi bir izlenim ile kötü bir izlenim arasındaki fark, ne kadar karizmatik olduğunuza bağlıdır. Okul, iş, romantik ilişkiler veya aile olsun, sevmediğimiz insanlarla iletişim kurarız. Birçok nitelikleri olsa bile, onlara dayanamayız. Bu reddedilme hissi, yaydığı düşüncelerin niteliği ile verilmektedir. Başkalarını hissetme yeteneğine sahibiz. Pozitif ve açık bir kişi, zevki herhangi bir eylemi yıkıcı bir şekilde eleştirmek olan negatif ve şüpheli insanlarla çevrili hissetmeyecektir.

Olumlu ve yaratıcı insanlar bu duyguları başkalarına aktarırlar. Son derece karizmatik olduklarını göreceğiz. Bu insanlar dönüşüm sürecinin rolünü anlarlarsa ve kişisel gelişime yatırım yapmaya başlarlarsa, yavaş ama emin adımlarla ilk izlenimden itibaren karizmatik olurlar. Kişisel gelişim sürecinde her birimiz bizi farklı veya özel kılan beceri ve yetenekler keşfedeceğiz. Bu kişisel beceriler başkalarını ve onların bizim hakkımızda sahip oldukları algıyı etkileyecektir.

Bir iş görüşmesindeyken ilk izlenim en önemli şeydir, her ayrıntı önceden düşünülmeli ama aynı zamanda hem rahat hem de yaratıcı olmalısınız. İlk izlenim, başkalarına verdiğiniz kartvizitinizdir. Eğer değerin varsa seni ararlar, yoksa seni reddederler ve seni unuturlar.

27. Pozitif enerjinizi yönlendirin

Pozitif enerjiyi gözleriniz ve ellerinizle kanalize etmeyi öğrenin. Bunun için önce rahatlayın ve olağanüstü bir şey hissettiğiniz veya hissettiğiniz bir anı hatırlayın. Seni daha iyi, daha sevgi dolu, daha alçakgönüllü hissettiren bir şey. Kariyerinizde yüksek bir nokta. O anı zihinsel olarak yeniden yaşayın. Kendinizi mümkün olduğunca çok sayıda bu tür anlarla şarj edin ve hayattan zevk almayı öğrenin. Çevrenizde ne olursa olsun, sakin ve güvende olun ve nedenleriniz olduğunda gülümseyin ve sevinin. Bunu yapabileceğiniz zamanlara dikkat edin çünkü çoğu insan bunu yapmayı unutur. Artık hayattan nasıl gerçekten zevk alacaklarını ve çok büyük ve çok pahalı hedefleri olan gri bir hayatı nasıl yaşayacaklarını bilmiyorlar.

Yaşadığınız ve canlı ve güzel bir anı olarak yeniden yaşayabileceğiniz refah duygusu ile değiştirerek kaygıları ve öfke anlarını ortadan kaldırın. Hiç şansınız olmadığını düşündüğünüzde bu duygu size güç verecektir. Böyle büyük bir plan için çok küçüksün. Belki başkaları şanslı ve hayatta başarılıdır ve o şansa sahip değilsiniz.

Zihninizi olumsuz düşüncelerle doldurmak yerine gülümsemek ve değerinizin farkında olmak daha iyidir. Başkalarına güvenle bakın ve içsel durumunuzun, sahip olduğunuz pozitif enerjinin başkalarına aktarıldığını göreceksiniz. Başkalarının sizi nasıl sevdiğini ve size gülümsediğini göreceksiniz, karizmatik bir insan olduğunuzun nasıl farkına vardığınızı göreceksiniz.

28. Çevrenizdekilere merhamet etmeyi öğrenin

Onlarla empati kurun. En büyük liderlerin niteliklerinden biri empatidir. Kişinin kendi gururunu yenme gücünün yanı sıra, karizmanın başkaları üzerindeki etkisini elde etmede bu iki özelliğin temel olduğuna inanıyorum.

Çevrenizdekilere güvenmeyi öğrenin, aynı zamanda yol boyunca size gelen sinyallere de dikkat edin. Her zaman hevesli insanlar arayın ve onların arkadaşı olun. Daima adil bir ticaret yapın. Tüm ilişkilerinizi kazan-kazan yapmaya çalışın. Kiminle arkadaşlık kurduğuna dikkat et çünkü etrafındaki kabul ettiğin insanlar seni temsil ediyor.

Bununla birlikte, komşunuzun acısına karşı duyarsız olamazsınız. Sizin gücünüzdeyse, ona yardım edin, sizden tavsiye isterse, verin. Ona bir kaç yol verin ve bırakın halletmesine izin verin. Başarılarını inşa etmesine ve tadını çıkarmasına izin verin. Güçlü insanlar, onları başarıya götürecek belirli bir beceriyi sanat düzeyinde öğrenmek ve uygulamak için sadece biraz az şeye ihtiyaç duyar.

Mutlu olmak için günde birkaç dakika bulmaya çalışın. Sonuçta, nasıl mutlu olacağınızı ve sahip olduklarınızı nasıl takdir edeceğinizi bilmiyorsanız, yanınızdaki kişiye şefkat duyamazsınız. Yaratıcı ve ilginç şeyler yapmayı seçin. Size meydan okuyan ve etrafınızdakilerle sizi daha iyi hale getiren yeni şeyler yapın.

29. Açık iletişim kanalları

Çevrenizdekilerle olabildiğince çok iletişim kanalı açın. Bunu yapmak için tanınmanız gerekir. Şimdi internet, 10 yıl önce bir bilgisayardan bir kabloyla son derece yavaş bir bağlantıya bağlanmanız gerektiğinde olduğu kadar sabit değil. Birçok kişi, başkalarıyla iletişim kurmak için cep telefonlarında veya tabletlerinde interneti kullanır. Bir dizi kişisel beceri ve etrafınızdakilerle olabildiğince çok düşünce ve duyguyu paylaşma arzusuyla tanınma şansınızdır.

İlişkiler kurun ve endişeleriniz ve idealleriniz hakkında olabildiğince çok insanla konuşmayı seçin. Onların şirketinde geçirdiğiniz zamanın tadını çıkarın. Bu sevincin karşılıklı olacağını ve başkalarının size bakma ve sizinle etkileşime geçme biçiminde yansıtılacağını göreceksiniz. Onlarla birlikte gelişeceğinizi, sizinle aynı değere sahip insanlarla yapılan herhangi bir bilgi alışverişinin kişisel değerinizi artırmak için bir kazanç ve şans olduğunu göreceksiniz.

Teknolojiyi ve sosyal ağları unutmayın, sizinle aynı endişelere sahip insanlarla tanışabileceğinizi göreceksiniz. İnsanlar genellikle eğlenmek, haber okumak ve bilgilenmek arzusuyla internette zaman harcarlar. Bunlar çoğunlukla kişisel gelişiminize pek yardımcı olmayan kişisel aktivitelerdir, zamanla kazanacağınız yatırımlar değildir. Zaman kaybetmeyin, iyi ilişkilere yatırım yapmayı seçin.

30. Gözlerinizin ışıltısını kaybetmeyin

Bu ışıltı, karizmanızın özüdür. Bu ışıltı, sizin gibi başkalarının da sizi kabul edeceğinin ve hatta seveceğinin garantisidir. Bu ışıltı, sizi başarıya götüren ve hayatınız boyunca sürekli kazanabileceğiniz değerlerden biridir.

Geçirdiğiniz şevk ve ışık, etrafınızdakileri büyülemenize yardımcı olan niteliklerdir. Kayıtsız ve sıradan insanların tek endişeleri kendilerini rahatlık bölgesinde nasıl barikat kuracakları olan bir dünyada, bu ışıltı, insanlarda tutku ateşini uyandıran kıvılcım olabilir.

İçsel gücünüz sahip olduğunuz arzularda yatıyor. Arzunuz ne kadar büyükse, zihinsel imaja mümkün olduğunca yaklaştırmak için işlere dahil olmak ve durumu değiştirmek için o kadar motive olursunuz. Hayalleri olan ve onları gerçekleştirmek için mücadele eden insanlara bakma merakınız varsa. Gözlerinde ışıldayan, ruhtan fışkıran, tüm zihinsel potansiyeli güçlendirme gücüne sahip, onu uyanık, dinamik ve yaratıcı bir durumda tutan içsel ışığı göreceksiniz. Gözdeki pırıltı olağanüstü derecede önemli bir özelliktir.

Bu kalite, liderlerindeki grup üyeleri tarafından aranır. Bu kalite ilham verir ve cesaret verir, bu kalite tüm grubu bir arada tutan mıknatıstır.

31. Yaptığınız şeyi sevmeyi öğrenin

"Bazı şarkıcılar seyircilerin onları sevmesini ister; Halkı seviyorum"- Luciano Pavarotti

Kişisel olarak bu kitapları, bir Değer Kültürüne ihtiyaç duyan insanlara temel bilgileri aktarma arzusuyla yazıyorum. Kimsenin 40 kitap yazmak için bekleyip onları tanıtmaya başlayacağını sanmıyorum. Bir yazarın yayınladığı her kitap, evriminde başka bir adımı temsil eder. Benim durumumda hızlı okuma, hızlandırılmış öğrenme ve bilgiye erişim için gelişmiş teknikler beni ÜSTÜN YARATICILIK aşamasına getirdi. Milyonlarca kelime ve bir milyon kelime daha yazabiliyorum çünkü bu hedefe ulaşıldığında çok daha hızlı ve niteliksel bilgilerle bunun üstesinden gelebileceğimi hissediyorum.

Acaba 20 yıl önce bu kitapları okumuş olsaydım ne şansım olurdu? Ne kadar başardım! Kesinlikle çok daha fazlası! Ama her insanın kendine göre bir yolu var, önemli olan benim burada olmam ve önümüzdeki dönemde bu kitapların ihtiyacı olan gençlere ulaşması. Yaptığım her şeyi önce kalbimle başardım. Yazmayı gerçekten çok sevdim ve seviyorum, bilgiye erişmek için tüm gelişmiş teknikler gibi hayatımın bir parçası. Kendinizi sevmeyi öğrendiğinizde, kendinize saygı duymayı öğreneceksiniz ve diğerleri de size saygı duyacak. Bir şeye değer verdiğinizi gördüklerinde, en azından bir kısmına değer verirler. Kişisel değerlerinizi doğru bir şekilde nasıl ileteceğinizi bilirseniz, zamanla başkaları da onları kabul edecektir.

32. Niteliklerin etkinleştirilmesi ve değerlendirilmesi

Karizma, bir kişinin doğuştan sahip olduğu belirli niteliklerden ibaret değildir. Kişisel gelişim pratiğiyle zaman içinde geliştirebileceğimiz nitelikler de vardır. Bir çiçeğin, ne kadar güzel olursa olsun, kimse tarafından görülmezse ve beğenilmezse, hiçbir değeri yoktur, yoktur diyebilirim. Daha çok insan tarafından ne kadar çok görülür ve beğenilirse değeri o kadar artar.

Karizma, niteliklerimizi harekete geçirmek, onlara değer vermek demektir. Bu eğitim yoluna ve yazdığım kitaplara başladığımda bunu anladım. Bana uygun olmayabilecek bir şey yapmayı seçebilirdim ve belki de mutsuz olurdum. Brian Tracy'nin ses programlarını dinliyordum ve doktoramı bırakıp kendimi yazmaya adadım.

Liseden beri yazmaktan zevk aldım, yüzlerce şiir yazdım. Sanırım bu eğitim dönemiydi, bilgiyi tek bir sayfaya odaklamayı anladığım yol, bu sayfa bile kafiyeli olmayan bir şiiri aklıma getiriyor. Bu yazma yeteneğini kullanmayı seçtim, gelişmeyi ve yeni iç sınırlar keşfetmeyi seçtim.

Sen olağanüstü bir varlıksın, hemen meyve vermeye başlaman gereken birçok niteliğin var. Bunu yapmazsan kimse senin için yapmaz. Benim rolüm sizi hemen harekete geçmeye motive etmek.

33. Karizma inceliği temsil eder

Onu anlamak ve ustalaşmak için belirli bir hassasiyete ve belirli bir zihinsel açıklığa ihtiyacınız var. Kaba bir insan, değişimi benimsemediği ve kişisel olarak gelişmek istemediği sürece asla karizmatik olamaz. Değerinde büyümek ve başarı ve karizmanın mekanizmalarını anlamak istiyorsa. Ama akranlarımızdan kaçı bunu yapmaya gerçekten istekli ?!

Kişisel gelişim, sürekli çaba, sabır ve azim gerektirir. Her sabah daha fazlasını ve daha iyisini yapma arzusuyla uyanmak ve akşamları aynı arzu ve aynı şevkle maksimum düzeyde uyumak en iyilerimiz için bile bir meydan okumadır. İnsanlar parmaklarını şıklatmak isterler ve işler mucizevi bir şekilde gerçekleşecektir. Birinin hayatını pürüzsüz ve güzel kılmak zorunda olduğuna inanırlar. Çok güzel bir rüya ama maalesef gerçekle hiçbir ilgisi yok. Hayat bir mücadeledir. Yapmadığınız her şans, başkalarına verdiğiniz bir şanstır. Onu alacaklar, verimli yapacaklar ve teşekkür etme zahmetine girmeyecekler!

Günlük egzersiz sizi iyileştirir ve başkalarının gözden kaçırdığı ayrıntılara dikkat etmenizi sağlar. Dışarıdan aldığınız cevaplara dikkat etmenizi sağlar ve bu geribildirimi akıllıca kullanarak gelişebilirsiniz. Evriminiz, incelik ve zihinsel zarafet içinde ışıltı ve dehaya dönüşür ve bu nitelikler sizi karizmatik yapar.

34. Karizma bütünlük demektir

Karizmatik olmak ve bu şekilde kalmak için, DÜRÜSTLÜK kelimesini her zaman aklınızda tutmalısınız. Sahip olduğunuz en değerli değer budur. Bazı insanların yaşamları, ahlaki bütünlüklerini kaybettikten sonra aynı değildir. Yapabilecekleriniz ile yapamayacaklarınız arasında oldukça ince bir çizgi var. Sadece siyah ve beyaz şeyler değil, grinin milyonlarca tonu var ve ahlaki veya maddi değerlerle ticaret yaparken hepsini içeride müzakere etmeliyiz.

Prensip olarak dürüst olmak gerekirse, iyi ve kötü hakkında bütün bir felsefeyi bir kenara bırakmak, tek bir kavrama, tek bir atasözüne indirgenebilir: "Sevmediğiniz şeyi başkasına yapma!" Belirli bir kişiye bir şey yaptığınızda, her zaman şunu düşünmelisiniz: eğer ben o kişinin yerinde olsaydım, bir başkası aynısını bana yapsaydı ... Dolandırıcı kandırılırsa ne derdi? Sırasıyla dövmüş olsaydı, zorba ne derdi; Suçlu kırılırsa ne derdi?

Gerçekten dürüst insan sayısı azdır çünkü herkes bütünlük çizgisini evrensel kural ve ilkelerden olabildiğince uzağa itmeye çalışır. Yatay gelişme sizi çok ileri götürmez, şansı dikey gelişmedir. Şans, evrensel değerlerin, başarı ilkelerinin edinilmesidir. Sağlam bir şekilde köklendiğinizde ve ahlaki açıdan dürüst olduğunuzda, sağlam bir temel üzerine inşa edebilirsiniz. Kendinizi kalıcı olarak aşabilirsiniz.

35. De ki: Yapabilirim!

CANIM demeyi öğrenin. Bu, yaptığınız her şeyde size güven ve güç verecektir. Anlamanız gereken şey, zihinsel olarak bir şeyler yapabileceğinizi düşünmeniz gerektiğidir. Bu, mutlaka yapmanız gerektiği veya bunu yapma fırsatına sahip olduğunuz anlamına gelmez. Ancak bunu yapabileceğinizi bilerek, özgüveniniz çok artacaktır. Artan güven size hem etki hem de karizma getirecektir.

Günlük hedeflerinize ulaşabileceğinizi söyleyerek başlayın. Bu, en az bir gün önceden bir görev listesinin varlığını varsayar. Bu aynı zamanda çok iyi geliştirilmiş bir plana sahip olmanız gerektiği anlamına gelir. Küçük şeyler yapabilirseniz, imkansız olduğunu düşündüğünüz şeyleri kesinlikle yapabileceksiniz. Ama imkansız olan nedir?

Belli bir şeyi yapabileceğinizi zihninizde günde yüzlerce kez tekrarlayın. Bunu bir nota yazın ve her zaman yanınızda taşıyın. Bu hedefleri belirleyin ve kendinize bunlara ulaşabileceğinizi söyleyin. Tüm başarılı insanların, devam etmek istemediklerini hissettikleri yeterince başarısız anlar yaşadığını anlamalısınız. Tüm çabalar onlara faydasız göründüğünde ve yine de geleceğe yansıtılan başarı imajı onlar için sabit bir nokta haline geldiğinde. Gelecekteki bu olay, o neşe ve başarı ateşinden sadece bir kıvılcım getirmeyi başardılar bile, ama o yolda devam etme arzusunu canlandırmak için yeterliydi. Sonucu görünce "Yapabilirim!" Dediler. ve sıkı çalışma ve özveri sayesinde beklentilerini aştılar.

36. Olumlu duyguları aktarmayı öğrenin

Bazı duygusal sözler, hassas bir hikaye veya çok iyi bir alıntı yazın. Geçenlerde aynı gerçekliği sunan iki film izledim. Komünist rejim 1945'ten sonra Romanya'da kuruldu. Bu rejimi kabul etmeyen çok sayıda öğrenci ve asker dağlara çekildi ve kendileri ve çocukları için istemedikleri bir sistemle mücadeleye devam etti. 1972 yapımı ve anti-komünist savaşçıları haydut, güvenlik güçlerini kahraman olarak sunan bir "Tuzak" filmi var. "Gençlerde Dövüşçünün Portresi" adlı 2010 yapımı bir film, gerçeği 1972 filmine göre 180 derece sunuyor.Yaklaşık 40 yıl önce çekilmiş iki filme baktığınızda aynı olaylar hakkında farklı düşünüyorsunuz. Her şey, belirli olayları nasıl sunmayı seçtiğinize ve ana mesajın izleyicilerin kalbine nasıl ulaştığına bağlıdır.

İnsanların belli bir fikirle başladığı ve özel bir açılıştan sonra duygu dolu, odadakilerin gerçekten büyüdüğü filmler var. Bir süre sonra, ister film, ister konuşma, ister konferans olsun, bu deneyimi zevkle hatırlarlar.

Sorunun verileri değişmedi, gerçekler aynı kaldı. Bir konferansa gittiler ve eve geldiler, ancak mesaj kalplerine ulaştığı için hatırlıyorlar. Karizmadan etkilendiler, dahil oldular, anın duygusuyla yönlendirilen bazı hipostazlardan iyiyi ve kötüyü seçmeye zorlandılar.

37. İyimserliğinizi koruyun

Karizmatik olmak için iyimserliğinizi korumayı öğrenin ve gündelik hiçliğin sizi bunaltmasına izin vermeyin. Hata yaptığınızda gülün ve kendi kendinize ironik olun, hatalarınızı gizlemeye çalışmayın çünkü onları daha fazla öne çıkaracaksınız. Olumlu düşüncenin sizi kendi gözünüzde ve başkalarının gözünde yüceltmesine izin verin. Bu size coşku şeklinde başkalarına aktardığınız enerjiyi verir.

İyimserlik sizi aktif ve canlı kılar. Geçenlerde bir liderlik kitabı hediye ettiğim bir kişiden geri bildirim aldım: o kitapta yazdığım bilgiler oldukça basit. Demek istediğim, belirli bir şeyi neden yapmanız gerektiğini anlarsanız her şey kolaydır. Öğrenmek, kabul edilmek ve iyi bir üniversiteye girmek çok kolay, eğer gerçekten istediğin buysa, neden o üniversitede olmanız gerektiğini anlıyorsanız.

Bunu "neden" yaptığınızı anlarsanız, kişisel olarak geliştirmek ve bir şampiyon tavrı benimsemek çok basit ve kolaydır. Kitaplarım öncelikle motivasyon kaynağıdır, size iyimserliğimi, çalışma gücümü ve cesaretimi verme rolüne sahiptir. Her halükarda, bu kadar çok kitap yazmak, bir milyondan fazla kelime, kendi başına herhangi bir yazılı metnin sorgulanabilir niteliğinin ötesinde bir performans. Hayatınız bir dizi düşünce ve hatıradır. Bu düşüncelerin sıklığını değiştirmenizi ve olumlu düşünmenizi, kendinizi geleceğe yansıtmanızı ve iyimser olmanızı öneririm.

38. Size en uygun olanı yapın!

Belirli bir şeyi yapmanın birçok yolu vardır. Ancak en iyi yol, işleri kendi yönteminizle yapmaktır. Önemsiz görünebileceğini biliyorum ama demek istediğim, kendinize olabildiğince sık değer vermeniz gerektiğidir. Sahip olduğunuz niteliklerin farkında olmalı ve bunları kendi yararınıza kullanmaya çalışmalısınız. İçsel güçlerinin farkında olmayan, başarılı olmak için zaten kaynaklara sahip olan ve yine de başlama cesaretinden yoksun olan pek çok insan var. Başarılı olmak için kendilerini yeterince iyi görmezler. Yalan söylerler ve kendilerine kendileri için belirledikleri başka bir hedefe ulaştıklarında başlayacaklarını söylerler. Eğitimlerini bitirmeyi beklerler, sonra bir iş kurmak için para toplamak için beklerler, başlamadan önce her zaman yapacak başka bir şey bulurlar.

Size en uygun olanı, inandığınız gerçeklere en yakın olan yolu bulmalısınız. Belirli bir alanda iyi olduğunuzu düşünüyorsanız, düşünmeyi bırakın ve bugün onun hakkında bir şeyler yapmaya başlayın. Neyin anlamlı olduğuna odaklanmalı ve gerçek değer vermelisiniz.

Bir şey veya bir kişiyle tamamen etkileşim kurmak. Size verebileceğinizin% 100'ünü verme kabiliyetinizden başka bir şey düşündürdürecek hiçbir şey yoktur. Her zaman bir başarı kültüründe yaşayın ve başarıyı bir kesinlik olarak görün ve görün.

57

39. Dürüst olmayı öğrenin

Ne düşündüğünüzü içtenlikle iletin. Dürüst olmayı öğrenirseniz, insanların size karşı oldukça anlayışlı olacağını ve sizi olduğunuz gibi kabul edeceklerini ve sizi anlayamayacak ve kabul edemeyeceklerin dikkatinizi ve arkadaşlığınızı hak etmediğini göreceksiniz.

İnsanların yaptığınız ve söyledikleriniz yüzünden sizi mahkum edeceğini ve sizden kaçacağını düşünmeyin. Birini rahatsız edebilir veya üzebilirsiniz, ancak bu iç samimiyet çizgisini sürdürürseniz, zamanla başkaları için nasıl bir dönüm noktası olmaya başladığınızı göreceksiniz. Sadece eleştirmeyi değil, iltifat etmeyi de öğrenin ve büyüleyici bir insan olarak algılandığınızı göreceksiniz.

En önemli şey sahte olmamak. Önünüzdeki kişide kesinlikle iyi bir şey bulacaksınız. Kişi, kusurların ve niteliklerin toplamıdır. Her insanın aşağı yukarı sofistike kişisel değerleri vardır. Bu değerler bir lider tarafından kaynağa dönüştürülebilir; Eğer liderlik nitelikleriniz varsa, o zaman kesinlikle bu nitelikleri dönüştürmenin bir yolunu bulacaksınız. Çatışmalardan, olumsuz düşüncelerden veya yıkıcı düşüncelerden kurtulmayı başarırsanız, hızlı bir şekilde gelişmenize yardımcı olacak olumlu ilişkileri geliştirebileceksiniz.

Karizma samimiyet demektir, dürüst olduğunuzda insanlar doğal olarak etrafınızı inceler. Sahte insanlar sizi desteklemeyecek ve bu kaliteyi takdir edenler size saygı duyacak ve onlar için bir dönüm noktası, bir rol model olabileceksiniz.

40. Olgun düşünceye odaklanın

Olgun düşünme, başına gelen her şeyden sorumlu olmak ve başkalarını suçlamamak demektir. Brian Tracy'nin dediği gibi, her zaman "Ben ve hiç kimse başıma gelen her şeyden sorumlu değil" demek zorundasın ve buna inanırsan, kişisel bağımsızlığa doğru ilk adımını atacaksın ve bu da finansal bağımsızlık.

Olgun düşünme biyolojik yaşla ilgili değildir; Hala çocuk gibi davranan ve sırayla çocuk sahibi olsalar bile ebeveynlerinin gelirine ve desteğine göbek bağıyla bağlı olan pek çok insan var. Olgun düşünme, varsayılan bir düşüncedir, bu dünyayı yöneten karmaşık mekanizmaların anlaşılmasıdır ve bu ancak okuyarak yapılabilir. Hızlı okuma, bir kültür yaratmanın en önemli adımıdır, aynı zamanda kendi düşünme sisteminizdir.

Olumlu olun ve aynı zamanda günlük düşüncelerinizin sizi etkilediğini ve başarı veya başarısızlık için zemin yarattığını düşünün. Başkalarını size olanlar için suçlamamayı seçin, ancak bardağın tam yarısını görün ve hayatın size sunduğu derslerden ders alın. Kelimeleri söyleyin ve basit hareketler yapın, ancak onlara özel bir anlam ve güç verin. İçsel gücünüzün farkında olun ve alternatifleriniz bittiğini düşündüğünüzde yeni kaynaklar için kendinize bakın. Onlar oradalar ve onları etkinleştirmenizi bekliyorlar, sadece bunu yapmak istemelisiniz.

41. Kendinizi gözlemleyin ve gülümsemek için bir mekanizma oluşturun

Sahip olduğunuz sorunları düşünün ve yüzünüzü buruşturmaya ve kaşlarını çatmaya başladığınızı göreceksiniz. Sonra neyi başarmak istediğinizi düşünün ve gülümsediğinizi, gözlerinizde bir ışık ve içsel bir sevinç olmaya başladığınızı göreceksiniz. Sahip olduğunuz sorunlara dalmak çok kolaydır ve olumsuz düşünceler zihninizi, sonra ruhunuzu ve yaşamınızı ele geçirir. Kendinizi başarısızlığa mahkum eden sizsiniz ve başarısızlık ruh halinize, özgüveninize zarar verir ve felakettir.

Anlamanız gereken şey, kendinizi savunmak veya niteliklerinize değer vermek için mekanizmalar yaratmanın size kalmış olmasıdır. Bu mekanizmalardan daha önce bahsetmiştik, standart reaksiyonlardan önce düşünmeyi içeriyorlar. Bu şekilde, belirli durumlarda nasıl tepki vereceğinizi, nasıl davranacağınızı ve özellikle bu durumlarda ne söyleyeceğinizi bileceksiniz. Tüm bu standart tepkiler, benimsemeye başlayacağınız bir davranışın temellerini atacak ve bu davranışın rolü, sadece kişisel zaman, para ve enerji kaynaklarınızı tüketmek isteyen zehirli insanlarla tartışmalardan çıkmanıza yardımcı olmaktır.

Amacınız olumlu insanlara doğru ilerlemek ve olumlu tavırlar benimsemek, onlarla birlikte gülümsemek ve eğlenmek, onlarla birlikte inşa etmeye çalışmak, paylaşabileceğiniz ve her iki tarafın da kazanacağı yeni değerler belirlemektir.

42. Küçük adımlar politikasını benimseyin!

Yavaş ama emin adımlarla gidin. Bugün attığınız her adım sizi başladığınız yerden daha ileriye götürür ve nihai hedefinize yaklaştırır. Yazmaya başladım ve ilk kitabım The Quick Reading Handbook elime geçtiğinde, olabildiğince çok yazmak istediğim için çok mutlu oldum. Ama sonunda 40 kitap yayınlayacağımı ya da bir milyon kelimenin engelini aşacağımı hiç düşünmemiştim, tek istediğim yazmaktı. Bu hedefi her gün adım adım takip ettim ve başarımın, olmak istediğim imajı her zaman aklımda tutmamdan ve aynı zamanda bir sonraki adıma odaklandığımdan kaynaklandığını düşünüyorum.

Kendine güvenmek. Bunu yapmayı seçtiyseniz, başarılı bir insan olmayı seçtiyseniz, soru başarılı olup olmayacağınız değil, ne zaman başarılı olacağınız olacak ve bu ne kadar çalıştığınıza ve fiyatın ne kadar yüksek olacağına bağlı olacaktır. başarılı olmak için para ödemek zorundasın. Başarılı olacağınızı bilirseniz, zihniniz güven kazanmaya ve o başarı durumunu önceden yaşamaya başlayacaktır. Reflektör olun, güveni yansıtın, tereddüt etmeyin. Bir odaya girdiğinizde yanar. Bir reflektör oluyorsunuz. Kendinize güvenin, yavaş gidin ama kararlı olun, gösterdiğiniz güvenliği tüm hücrelerde ifade edin. Her adım, size gelen yanıtlara bağlı olarak geri bildirime göre uyarladığınız ve değiştirdiğiniz karmaşık bir stratejinin parçasıdır. Başarıya giden yol budur ve başarılı insanlar bu şekilde davrandılar.

43. Zihinsel olarak değerli bir kişinin imajını yaratın

Değerin birkaç düzeyde olduğunu anlayın. Bu değeri yaşam döngüsü içinde çerçeveleyin ve değerinizi artırmaya çalışın. Bakalım yaşam döngüsündeki kilit alanlar neler? Yatırım yapmak için aşağıdaki sekiz planımız var:
- Sağlık planı
- Maddi Refah Planı
- Aile ve Arkadaşlar Planı
- Oyun ve Eğlenceyi içeren plan
- Duygusal Yaşam Planı
- Kariyer planı
- Kişisel Zaman ve Mekan Planı
- Manevi Yaşam Planı
- Para planı
- Beslenme planı

Bu planların her birinde değerinizi artırmanız gerekir çünkü her biri önemlidir. Kişiliğiniz önemlidir. Kendiniz hakkında ne kadar çok şey bilirseniz ve başkaları tarafından benimsenen gerçeklere inanırsanız, o kadar karizmatik olursunuz. Bir röportajdayken satacağınız şey imajınız olacaktır. Sizi diğerlerinden farklı kılan nedir? Sizinle aynı işi yapmak isteyen yüzlerce kişinin önünde sizi seçtirecek şey, tam da ihraç edebileceğiniz değerli bir kişinin bu imajıdır. Temel

KARIZMA 63

olarak, ortak olan şeylerin, siz ve o röportajdaki performansınızı takdir eden kişinin kabul edilmesiyle ikiye katlanan bir değer transferimiz var.

44. Zaman, para ve enerji kaynaklarınıza değer verin

Kaynaklarınız, başarıya giden yolda başladığınız temeldir. Taşan bir enerjiniz varsa, dolu bir pil gibi hayat doluysanız, şarjınız kesilmişse, o zaman çok paranız olmasa bile son derece çok şey başarabileceksiniz. Sabah çoktan yorgun uyanan insanlar olduğunu düşünün. Stres, yorgunluk ya da sağlıksız bir yaşam tarzı benimsemesi nedeniyle fazla enerjiye sahip olmayan insanlar var. Ziyan etmeye alıştıkları için parası olmayanlar var ve zaman yönetiminin temel prensiplerini bilmedikleri için kalıcı bir zaman krizi yaşayan insanlar var. Hedefleriniz zihninizde son derece açıksa, başlamak için motivasyonunuz varsa, devam etmek için bir planınız varsa ve ilk olumlu sonuçları alırsanız özgüveniniz ikiye katlanacak, çok daha fazlasını yapabileceksiniz. daha fazla iç güce sahip. Başarılı insanların sahip olduğu içsel gücü size bu şekilde verir.

Eylem size değer veren şeydir ve karizmatik olacaksınız. Bir taşa, bir kağıda veya bir çamura değer vermenizi sağlar. Bunu sizin için önemli hale getirirseniz, başkaları için önemli ve değerli olursunuz. Kaynaklarınız artık atabileceğiniz şeyler olmayacak, kişisel başarıya ulaşmak için planınızın bir parçası olacak. Karizmanız da eşyalarınıza, düşüncelerinize ve kaynaklarınıza aktarılır.

45. Daha çok çabalayın

Asla yeterli değildir. Her zaman daha fazlasını yapabilirsiniz. Sizi rahatlık alanınızdan çıkaracak ve özgüveninizi yeniden kazandıracak düşünce budur. Mükemmeliyetçi olmak ve daha az önemli bazı savaşlarda sıkışıp kalmak demiyorum; başarılı olmak için küresel bir bakışa ihtiyacınız var. Seninle savaşmalı ve savaşı kazanmalısın. Bu sürekli mücadele sizi cehaletten kurtaracak ve sizi bir kazanan, muzaffer bir güç haline getirecektir.

Üstesinden gelebileceğiniz sınırlar belirleyin. Sizinle, iradenizle, eylemsizlik durumunuzla bir kavga başlatın. Fazla kilonuz varsa, kendinizi kaybetmeye zorlayın. Sağlıklı beslenme, olumlu düşünme ve bol miktarda egzersiz içeren gerçekçi bir strateji oluşturun. Yaptığınız işte tutarlı olun ve sonuç alacaksınız. Karizma, görünüşünüzle, vücudunuza bakma biçiminizle de verilir. Vücudunuz tıpkı zihninizin bir tapınak olduğu gibi bir tapınaktır. Düşünceleriniz, sözleriniz ve eylemleriniz hayatınız üzerinde güçlü bir etkiye sahiptir.

En iyi bilgiye erişmeyi seçin. Hızlı okuyun ve değişimin kurbanı değil, değişimin destekçisi olun. Hızlı okuma sizi dönüştürecek ve sınırlarınızı zorlamanıza yardımcı olacak, dikey olarak büyüyecek, kişisel değerinizi birkaç kat artıracak ve otomatik olarak şu anda olduğunuzdan birkaç kat daha iyi ödeme alacaksınız. Yaptığınız her şeyde profesyonel ve rekabetçi olacaksınız.

46. Doğru kelimeleri seçin

Uygun bir şekilde kullanabileceğiniz yeni kelimeler, yeni ifadeler öğrenin. Bir yabancı dil, iki yabancı dil, birkaç yabancı dil öğrenin. Nasıl yapılacağını bilmiyorsanız hızlandırılmış öğrenmeyi kullanın. Çevrimiçi, etkileşimli kursları seçin. Olabildiğince sık iletişim kurmaya çalışın. Basitçe iletişim kurmayı öğrenin. Nerede olursanız olun, doğal bir şekilde iletişim kurmaya alışın, ancak yaptığınız zaman, aklınızda net bir amaç olduğundan emin olun.

Müstehcen bir dil kullanmaya odaklanmayı ve onu sürekli geliştirmeyi öğrenin. İkna edici satış dersleri bu konuda size yardımcı olacaktır. İnternette oldukça iyi kurslar var, tek yapmanız gereken onları almak. Her şey gibi, öğrenmek yeterli değil, hatta uzun süre pratik yapmalı ve ciddi olmalısın. Tecrübelerime göre, ne denerseniz deneyin, baştan sona aynı ciddiyetle haftada üç veya dört gün antrenman yaparsanız başarılı olabileceğinizi söylüyorum. Öğrenci ya da çalışan olmanıza bakılmaksızın yılın 50 haftalık çalışma süresi olduğunu ve bu haftalarda gelişmeniz gerektiğini, başlangıç durumunuzun üstesinden gelmeniz gerektiğini anlarsanız herhangi bir beceriyi öğrenebilirsiniz.

Doğru kelimeler, kendinizle kurmayı seçtiğiniz sürekli diyalogdan da gelir. İç sesinizi dinleyin ve önemli olduğunu düşündüğünüz hedefler ve bunları başarmak için harcadığınız zamanı onunla görüşün. Dahili ses kontrolü, sözlü kontrole ve harici etkide artışa yol açar.

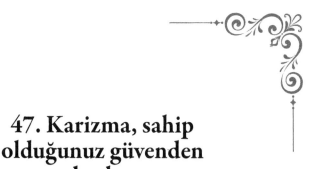

47. Karizma, sahip olduğunuz güvenden başlar

Karizmatik insanlar, kendilerine ve başkalarına özel bir güven duyan insanlardır. İç kontrol durumunun, dışarıya yayabileceğiniz güven durumunun ne kadar önemli olduğunu defalarca gösterdim, bu hal ile bulunduğunuz odayı doldurabilirsiniz. Bu durum, herkesin istediği işi almanızı sağlar. Bu durum, kişisel değerinizi kalıcı olarak artırmanıza yardımcı olan bir düşünce kalıbıdır.

Bu düşünme kalıpları, özgüvenimizi artırmamıza yardımcı olur. Modellerin optimize edilmesi ve süreçlerin anlaşılması ve doğru şekilde uygulanması gerekir. Olumlu düşünmeye başlayacaksınız, ancak olumlu düşünme yeterli değil, istediğiniz yere ulaşmak için bir stratejiye ihtiyacınız var. Onu elde etmenize yardımcı olacak güce ve bilgiye sahip değilseniz, boşuna bir şey ister misiniz?

Bu stratejik düşünce bir reflekstir, ikinci doğanız haline gelene kadar uygulanan binlerce hareketin toplamıdır. Bu stratejik düşünce, bilinçaltınızın gizli potansiyelini harekete geçirir. Esas olarak yarının zihinsel bir filmini çekerek uykuya dalmadan önce aktive edilir. Bu zihinsel filmi uykuya dalmadan önce onlarca kez çalıştırabilirsiniz. Yarının olumlu sonuçlarını gözünüzde canlandırarak uykuya dalabilirsiniz. Kendi gücünüze sahip olduğunuz güven durumunu artıran olumlu bir beklenti durumu geliştirebilirsiniz.

48. Yazın ve iletişim kalitesini sürekli artırın!

Düşündükleriniz ile yazılı olarak ifade edebileceğiniz şeyler arasındaki bilgi aktarım oranı nedir? Şu anda son derece basit bir egzersiz yapmayı deneyin. Televizyonu açın veya internette kısa bir belgesel bulun, konuyu 30 dakika izleyin, sonra rahatlayın, dışarı çıkın ve yürüyün veya uyuyun. Uyandığınızda, o şov hakkında bir makale yazın. Birisinin yazdıklarınızı okuyacağını veya yazdıklarınızdan dolayı sizi yargılayacağını sanmayın. Yaratıcılığınızı bir kağıt parçası üzerinde serbest bırakın veya bir bilgisayarda yazarsanız, parmaklarınızı piyano konseri gibi tuşların üzerinde kaydırın. Kendinizi sınırlamayın, özgürce düşünün ve yazdıklarınızı varsayın.

Yazılı olarak net ve güçlü bir fikri aktarabilirseniz, etrafınızdakiler üzerinde büyük bir etkiye sahip olacağınızı göreceksiniz. Birçoğu sadece nasıl iletişim kuracaklarını bildikleri izlenimine sahiptir, çok konuşurlar ve isteksizce düşüncelerini mantıklı yazamazlar.

Yazarken doğru kelimeleri seçin ve sonra bunları uygun bir dilde kullanın, ancak içsel gücünüzle ikiye katlayın. Sembollerle kelimeleri yükleyin. Diğer kişinin inandığı ve onlarla ilişkilendirdiği temel değerleri bulmaya çalışın. Uygulama yoluyla iletişiminizin kalitesini sürekli artırabilir ve kapalı olduğunu düşündüğünüz birçok kapının artık size açık olduğunu göreceksiniz, dünyanın sizin için ve sahip olduğunuz planlar için nasıl erişilebilir ve daha büyük hale geldiğini göreceksiniz.

49. Karizmanın farkında olun

Bir şeye verdiğiniz değer, başkalarının o şeye atfettiği değerin başlangıç noktasıdır. Çalışmanızı değerli bulamıyorsanız, kimse ona saygı duymak ve onu takdir etmek zorunda kalmayacaktır. Değerli bir kişi olduğunuzun farkına vardıkça ve buna göre hareket ettikçe, başkalarının sizin hakkınızda sahip olduğu imaj ve yetkinliğiniz o kadar değişecektir.

Akranlarımızın çoğu karizmatik olmak istiyor. Karizmatik insanların başarılı olma ihtimalinin sıradan insanlardan daha yüksek olduğunun farkındalar. Bir şeyi istemek, onu elde etmek anlamına gelmez. Pek çok insanın hayalleri vardır, ancak bu ne yazık ki asla gerçek bir şeye dönüşmeyecek. Bir şeyi başarmak için, bu hayallerin hedefler olarak kağıda geçirilmesi ve bu hedeflerin ayrıntılı bir planın, uygulanabilir bir stratejinin parçası olması gerekir.

Alan ne olursa olsun, karizmatik insanlar nasıl hoş davranacaklarını bilirler, kendilerini kişilikler olarak nasıl empoze edeceklerini bilirler ve diğerlerinden çok daha hızlı gelişmeyi bilirler. Henüz net bir karizma tanımı bulamadıysanız veya tam olarak net değilseniz, ben bunu bu satırlarda yapmaya çalışsam da karizmatik bir insan düşünün ve onun neye sahip olduğunu ve neye sahip olmadığınızı görün. Onun karizmatik olduğunu düşündüğünüz nitelikler nelerdir? Davranışını inceleyin ve belirli zamanlarda nasıl tepki verdiğini izleyin. Onu karizmatik yapan nitelikleri hatırlayın ve ardından başka bir karizmatik kişiye geçin ve süreci devam ettirin.

50. Karizma, başkalarıyla bağlantı kurmak anlamına gelir

Gerçekten istediğin buysa karizmanı geliştirebilirsin. Diğerinden almak, vermekten çok daha kolaydır, çünkü bir şeyi her verdiğinizde, size ait olan bir şeyi kaybettiğiniz izlenimine kapılıyorsunuz. Bu dünyayı yöneten evrensel yasalar hakkında fazla bir şey bilmiyorsanız, bencil olacaksınız ve başkalarıyla paylaştığınız şeyleri olabildiğince sınırlamak isteyeceksiniz. Bencil olacak, şüphelenmeye başlayacak ve etrafınızdakiler için anlamsız olacaksınız. İnsanlar sizden uzaklaşacak, sizden kaçacak ve sonunda sizi reddedecek. Suçlu aramak istiyorsanız, oldukça geç olacaktır çünkü diğerleri suçlu değildir. Davranışını grubun değerlerine nasıl uyarlayacağını bilmeyen sensin.

İçsel gelişim sürecinden geçmelisiniz. Geçen her gün, kişisel olarak gelişmekle geçirdiğiniz her günün kazanılan bir gün olduğu ölçüde kaybedilen bir gündür. Her gün başına gelen çok daha az iyi şey arasında, başınıza gelebilecek iyi bir şey.

Karizma, insanlarla kolayca bağlantı kurmanıza, onları çekmenize ve etkilemenize yardımcı olur. Her birimizin geliştirebileceğimiz ve kullanabileceğimiz bir takım nitelikleri vardır. Karizma, aynı seviyedeki ve hatta bizden daha yüksek insanlarla yoğun ve kaliteli zaman geçirebilmemizin yoludur. Karizma, gerçek başarıya ulaşma şansımızı artıran önemli kaynaklara erişimdir.

51. Karizmatik insanlar dinlemeyi bilir

Önce dinleyin, sonra konuşun! Öncelikle, karşınızdaki kişinin size söyleyeceklerini sabırla dinleyin. Bu sizi güçlü bir konuma getirir çünkü sorunun ayrıntılarını anlamak ve size doğru, genel bir resim verecek net sorular sormak için zamanınız vardır. Çoğunlukla kazan-kaybet ve kazan-kazan arasındaki fark, ilk versiyonda dikkatlerden kaçan ayrıntılarda belirtilir. Dinleyerek, doğru bir şekilde ilişkilendirebileceğiniz yeni değerler tanımlayabilirsiniz.

Karşınızdaki kişiyi dinleyin ve ilk başta yaptığı her şeyi neden yaptığını anlamalarına yardımcı olun. Sebepleri anlarsa, etkilerini de anlayabilir. Onun için neyin değerli olduğunun ve gelecekte temel değerlerle nasıl ilişki kurması gerektiğinin farkına varmasına yardımcı olabilirsiniz. Eğer bunu yapabilirseniz, o zaman sırdaş, güvenilir bir kişi, onun umutlarını koyabileceği bir adam olursunuz.

İnsanlar, diğer insanları önemsediklerini gösterdiklerinde karizmatiktirler. Halk, çok zengin bir insanın herkese yardım edemeyeceğini anlar, ancak bir iyi niyet hareketi yapıp ihtiyacı olan sadece bir kişiye yardım ederse, tek bir hayat kurtarırsa değerlere saygı duyduğunu ve kucakladığını gösterir. o grubun. Sorunları olan ve size gelen bir kişiyi açıkça dinlerseniz, onu önemsediğiniz tüm gruba, gruptaki herkesin size gelebileceği ve onu dinleyeceğiniz fikrini aktarırsınız ama bu demek değildir. mutlaka gelecekler.

52. Abartmamayı öğrenin

Abarttığınızda kontrolü kaybedersiniz. Herhangi bir abartı, tam olarak nereden başladığınızı bilmediğiniz için çok şey başaramayacağınız bir noktada olduğunuzu gösterir. Nereden geldiğinizi bilmiyorsanız, hedeflerinizi doğru bir şekilde belirleyemezsiniz ve beklediğiniz sonuçları alamazsınız. Kendinize karşı ne kadar dürüst olursanız, hedefleri daha doğru boyutlandırabildiğinizi ve başarabileceğiniz şeyleri isteyeceğinizi o kadar çok göreceksiniz.

Abartı, belki de kesinlikle nesnel nedenlerden ötürü yapmakla övündüğünüz şeyi yapamayacağınız zaman, güvenilirliğinizi aşacak bir giyotindir. İnsanlar size olan güvenlerini hemen kaybeder ve ne yaparsanız söyleyin, gelecekte sizi ciddiye almama eğilimindedir. Bu yüzden çoğu zaman hedefleriniz hakkında onlara ulaşana kadar konuşmamanız iyidir.

Gerçekçilik, aramanız gereken niteliktir, içinde bulunduğunuz yaşam koşullarında olgun görünmenize ve işleri kontrol altında tutmanıza yardımcı olur. Kontrolü dışarıdan içinize, kontrol edemediğiniz dış faktörlerden size ait olan iç faktörlere kadar hareket ettirmeyi öğrenmelisiniz. Bu durumda, iç denge ve iç ses, başarıya giden yolda size rehberlik edecektir. Her birimizin, abartılardan kaçınmamasını değil, ona ne zaman ve nasıl duracağını söyleyen iyi bir iç duyusu var çünkü aşırı eylemler kimseye fayda sağlamadı.

53. Kendinizi diğer kişinin yerine koyun

Onu yargılamadan önce onu anlayın. Hangi değerlere inandığını görün. Sorunu diğerinin bakış açısından da görün. Kendinizi yoğun, bazen olumsuz düşüncelerinizden ayırın, anın tutkusunu bırakın, özellikle gergin olduğunuzda ve bakış açınızı değiştirdiğinizde. Gerçek genellikle ortadadır. Çoğu, yalnızca kendilerinin mutlak gerçeğe sahip oldukları, yalnızca kendilerinin konuşması ve diğerlerinin onları dinlemesi ve istediklerini yapması gerektiği önermesinden yola çıkar. Böyle bir insan asla karizmatik olmayacak. Kimse kaprisli, bencil veya kötü niyetli bir adamla uğraşmayı sevmez. Bu tür insanlar zehirlidir. Çevrenizdeki bu tür insanları ve sevdiklerinizi ortadan kaldırın. Sadece zamanında toplamaya çalıştığınız önemli kaynakları tüketecekler, sadece sizden ve iyiliğinizden yararlanacaklar.

Anlamadığınız bir davranış görürseniz, ilk bakışta sizden kaçan değerleri keşfetmeniz gerekir. Karizma, kişiliğinizin gücü, sizi sizin gibi insanlara yaklaştıran manyetizma ama aynı zamanda çevrenizdeki belirli insanları bir gezegen gibi tutma gücü, doğal uydularını kendi çekim alanında tutan güçtür. Kişiliğinizin gücü aynı zamanda olayları derinlemesine anlama, sorunu çeşitli açılardan görme ve kazan-kazan felsefesiyle sınırlı olası çözümler bulma yeteneğidir. Kendini adamazsan, partnerinin sorunlarına dikkat etmezsen ve kendini onun yerine koyma ve onun yolunu düşünme yeteneğin yoksa bunu yapamazsın.

54. Önünüzdeki kişinin adı son derece önemlidir

Önünüzdeki kişinin adını hemen hatırlamak için çalışın. Biriyle tanıştığınızda, adını hatırladığınızdan emin olun. Etiket açıkça talep etmiyorsa, ilk adı kullanın. Onu arkadaşın olarak kabul et. Bir kişiye yapabileceğiniz en büyük hakaretlerden biri kasıtlı olarak ismini karıştırmaktır. Ve bir kişiye verebileceğiniz en büyük iltifatlardan biri de adını hayranlıkla söylemektir. Sizden daha fazla parası veya etkisi olsa bile, ona sizin için önemli olduğunu ve aynı zamanda onun şirketinde rahat hissettiğinizi gösterin. Karizma, tüm bu dış koşulların üstesinden gelmek ve özünde iki kişi arasındaki iletişime nüfuz etmek demektir.

İsim sizi tanımlayan şeydir, bazen sizin hakkınızda çok şey söyleyebilir ya da hiçbir şey söyleyemez. İsim sembollerle yüklüdür. Einstein, Napolyon veya Hitler derseniz, otomatik olarak her birinin tarihsel bağlamda neyi temsil ettiğini veya bu kişiliklerin insanların yaşamları üzerindeki etkisinin ne olduğunu düşünürsünüz. Grup içinde isim son derece önemlidir. İlk isimlendirilenler liderler, karizmatik insanlar veya her ikisidir. İsim artık bir organizasyonda olmadığınızda da kalır, bu nedenle etkileşimde bulunduğunuz kişilerin isimlerini öğrenmek ve bunu hayranlıkla ve saygıyla söylemek önemlidir.

55. Başarılı insanlar karizmatiktir

Belirli bir şeyi iyi yapmayı öğrendiler, bunu tekrar ediyorlar ve sürekli geliştiriyorlar. Kariyerlerinin başında tereddüt ediyorlardı, başlamaktan korkuyorlardı ama zamanla alıştılar ve güven ve cesaret kazanmaya devam ettiler. Kendilerini güçlü insanlar olarak adlandırmaya başladılar, zamanla kendilerine o kadar çok güçlü olduklarını ve pes etmemelerini, buna inanmaya başladıklarını söylediler.

Başarılı insanlar zeki insanlardır ve IQ veya duygusal IQ demek istemiyorum, yani PIQ veya PQ demek istemiyorum. Bu katsayı, herkesin sahip olduğu kaynaklara değer verme ve sahip olduğu nitelikleri varlıklara dönüştürme yeteneğini ortaya koymaktadır. Bu katsayı, bir kişinin karizmasını tanımlamak ve aynı ölçüde kişisel başarıyı tanımlamak için önemli bir belirteçtir.

Başarılı insanlar, insanlarda çok nadir görülen bu yeteneğe, yani sezgilere sahiptir. İçlerindeki bir şey onlara neyin iyi neyin iyi olmadığını, ne zaman iyi olduğunu ve ne zaman bir şey yapmanın iyi olmadığını söyler. Çoğu zaman onaylanan bu bilgi, başarılı insanlara kazanma avantajı sağlar ve hızla gelişmelerine yardımcı olur. Aynı zamanda, birçok insan konfor bölgesinde sıkışıp kalıyor veya orta ve uzun vadede ilerleme vizyonuna sahip değil.

56. Tartışma ortağınızı tanıyın

Önünüzdeki kişinin önemine bağlı olarak, onlar hakkında mümkün olduğunca çok şey bilmek sizin görevinizdir. Asla hazırlıksız savaşa gitmeyin, çünkü onu kaybetme şansınız var. Bu yüzden hala artabilecek veya azalabilecek şanslardan bahsediyoruz. Kişisel gelişim sürecindeki hiç kimse sizin anında başarınızı garanti etmez, kişisel içsel dönüşüme ciddi zaman, para ve enerji kaynakları yatırmayı seçen insanlar için gelir.

Önünüzdekini bilin. Resmi olmayan tartışmalar yapabilir ve ne zaman doğduğunu, çocuğu olup olmadığını, tutkularının neler olduğunu, en çok neyden nefret ettiğini öğrenebilirsiniz. Buna bağlı olarak, onu gücendirmeden veya bağlı olduğu bazı ilkeleri ihlal etmeden onunla nasıl davranacağınızı bileceksiniz.

Tüm bunlar, özellikle gerçek bir liderseniz ve takımda değerli insanlar varsa önemlidir. Onları belirli zamanlarda anlamayı seçin ve özellikle kişisel yaşamlarındaki sorunlarını ve zorluklarını biliyorsanız, onları destekleyin. Aileleri, endişeleri, hayalleri ve hedefleri hakkında olabildiğince fazla bilgi edinin. Saygılı ve düşünceli davrandığınız her kişinin de size aynı olumlu tavırla karşılık vermek zorunda hissettiğini göreceksiniz. İnsanları tanımak ve onlara yaklaşmak için zaman müttefikiniz olabilir.

57. Hepimizin nitelikleri var ama kusurları da var

Topluluk önünde konuşma ve iletişim, yeni insanlarla tanıştığımızda nasıl davranacağımızı gösterir. Onlara nasıl bakmalıyız ve ne yapmalıyız. Bunların hepsi birbirine bağlıdır, aynı zamanda müzakere, liderlik veya ikna ile de ilgilidir. Bu nedenle Değer Kültürü doğdu. Benim rolüm bu temel kavramları aktarmaktır. Bir tür kişisel gelişim matematiğidir. Matematiğin kendisi işe yaramaz, bir matematikçinin bir teorisyen olduğunu söyleyebiliriz ve bu kadar, ancak uygulamaya koyulma şekli gerçekten matematiğin değerini temsil ediyor. Yalnızca bu kitapları okur ve uygulamaya koymazsanız, kişisel gelişim alanında en iyi ihtimalle daha zengin bir genel kültüre sahip olursunuz, ancak tüm bu bilgileri uygulamadan başarı şansınızı artıramazsınız.

İnsanlar da kusurludur. Niteliklerini keşfederken karşınızdaki kişinin kusurlarını keşfedin. Her zaman bardağın tam yarısını görmeye alışın.

Partnerinizin veya yeni tanıştığınız diğer kişilerin sadece nitelikleri olduğunu düşünmeyin, kusurlarını gördüğünüzde çok çabuk hayal kırıklığına uğrayacaksınız. Bu yüzden gerçekçi olmalısın. Mükemmel olmadan önce insanlar iyi olabilir; Aradığınız şey bu, güzel insanlar!

58. Tanıştığınız insanlara, size davranmalarını istediğiniz şekilde davranın.

Size verebileceğim ilk ve en iyi tavsiye, önünüzdekileri önemli görmenizdir ve onlar da sizi aynı şekilde görmek zorunda hissedeceklerdir. Belirli bir davranışı yaratabileceğiniz ve güçlendirebileceğiniz hale efektini kullanabilirsiniz. Bir öğretmene belirli bir öğrencinin zeki olduğu söylendiğini, öğretmenin öğrencisine bakmaya başlama şeklinin davranışına yansıyacağını varsayalım. Bazen birkaç öğrenci veya hatta başkalarının algıladığı şekilde davranmaya başlayan bir grupla ilgilidir. Raporlama olumlu düşünceye ve başarı beklentisine dayanıyorsa, performansın yeniden değerlendirilmesi ve aktarımı gerçekleşir.

Bu prensibi günlük hayatınızda uygulayın. Özellikle yüksek derecede samimiyete sahip olmayı seçtiğinizde ne kadar işe yaradığına ve ne kadar fırsat doğacağına şaşıracaksınız. Dışa aktardığınız görüntünün nasıl değişeceğini göreceksiniz. Daha hoş ve karizmatik olacaksın. Başarılı olmak için köklü bir değişime ihtiyacınız yok, tüm yaşam ilkelerinizden vazgeçmemelisiniz, ancak bunları yükseltmeyi, daha yüksek bir performans düzeyine geçirmeyi, gelişiminize günlük yatırım yaparak niteliklerinize değer vermeyi başarmalısınız. kişisel

KARIZMA 79

düzen emrinizde zaman, para ve enerji kaynaklarının% 3'ü. Zamanla değerinizi en az on kat artırabileceğinizi göreceksiniz.

59. Proaktif olun

Evi terk et. Başarılı olmak istiyorsanız, konfor bölgesinde olmayı bırakın. Televizyonun karşısına geçersen kimse niteliklerini fark etmeyecek. TV sizi daha akıllı yapmayacak, belki de böyle hissediyorsunuz, ama TV izleyenlere bakın. Televizyonun sabahtan akşama kadar çalıştığı bazı evler var. Uzaktan kumandadaki programları değiştirerek, davranışınızı değiştiremezsiniz, olumsuz alışkanlıkları ortadan kaldırabilirsiniz, ancak doğrudan nedene, düşündüğünüz şekilde hareket ederek.

Hayatınla ilgili bir şeyler yap. Çoğu insan işe gidip eve gelmekten memnundur. Ay sonunda maaş almaktan ve onu yönetmekten memnunlar. Kendinizi sadece bu parayla sınırlamayın çünkü asla yeterli olmayacak. Daha fazlasını yapın, pasif gelire sahip olmayı seçin. Kişisel gelişiminize ciddi zaman, para ve enerji kaynakları yatırmayı seçin.

Merhamet için ağlamayı reddedin! Hiç kimse sana acımadan bir şey yapmayacak, uzun süre değil. İnsanların da bazen sandığınızdan çok daha büyük sorunları var. Kendinizi bir kurban olarak görürseniz, kendinize bir fayda sağlamazsınız. Şansınız belirlenmek ve harekete geçmek. Ertelemekten kaçının. Şu an bir şeyler yapmanın en iyi zamanı. Bugün, hayatınızda gerçek bir değişiklik yapma zamanı. Bugün, karizmanızı kullanmaya başlamanın ve etrafınızdakiler üzerindeki etkinizi artırmanın en iyi zamanı.

60. Büyük insanlardan küçük şeyler yapmayı öğrenin

Birçoğu başarılı olmak için, başarının sırrının size açıklandığı hangi kursa veya konferansa gitmeniz gerektiğine inanıyor. Bilmediğin ve ilk defa öğreneceğin şeyler. Başarının gerçekte ne anlama geldiğine dair bir yanlış anlama. Şu anda hayatınızı sürekli iyileştirmek için ihtiyacınız olan her şeyi biliyorsunuz. Bu kitabın ve Değer Kültüründeki diğerlerinin rolü, sizi bunu yapmaya motive etmektir. İnsanların belirli bir şeyi nasıl yapacaklarını anlamaları gerekmez, ama bunu "neden" yapmak zorundadırlar. Ne olduklarının ve ne olmak istediklerinin sorumluluğunu anlar ve üstlenirlerse, başarı şanslarını sürekli olarak artırabilirler.

Başarılı insanlar, başarının temel ilkelerini uygularlar. Tüm bu ilkeler, Değer Kültürü ile sınırlandırılabilir. Başarılı insanlar sürekli olarak liderlik, zaman yönetimi, hedef belirleme, iletişim, müzakere, topluluk önünde konuşma, karizma ve ikna hakkında bilgi edinirler. İstediğiniz sonuçları elde edene kadar her gün aynı ilkeleri uygulayın.

Hala bir yaşam tarzı olarak başarıyı seçiyorsanız, o zaman başarılı insanların yaptığını yapın. Başarılı bir adam gibi konuş, başarılı bir adam gibi düşün, başarılı bir adam gibi davran! Başka bir deyişle, bir profesyonel gibi davranın. Bu küçük şeyleri yapmayı seçin, ancak bir noktada sizin ve kişisel gelişiminiz için çok önemli.

61. Mümkün olduğunca çok sayıda akranınızla tanışın

Karizma, öğrenebileceğiniz ve ustalaşabileceğiniz bir beceridir, ancak mümkün olduğu kadar uzun süre çalışılmalıdır. Evde televizyonun önünde ya da internette pratik yapamazsınız. Karizma uygulaması insanların ortasında, onlarla yüz yüze yapılır. Onları tanımak, gözlemlemek, onlara atıfta bulundukları temel değerlerin doğru bir şekilde tanımlanmasına götürecek soruları sormak. Öyleyse, olayların olduğu ve bu şeylerin olduğu zaman insanların ortasında olmayı seçin. Tek yapmanız gereken konserlere, tiyatroya, derslere ve konferanslara gitmek. Ait olduğunuz sosyal grupta aktif bir unsur olun. Öğrenciyseniz, sınıfta bu tür geziler önerin. Çalışırsanız, arkadaşlarınız veya meslektaşlarınızla doğa gezileri veya yurt dışı gezileri düzenleyebilirsiniz.

Bunun zaman aldığını biliyorum, bu yüzden Değer Kültürü tek başına gelmiyor, hedef belirleme ve zaman yönetiminden gelen kavramlarla geliyor. Hızlı okumadan zaman kazanırsınız, zaman yönetiminden zaman kazanırsınız, hedefler belirlemekten zaman kazanırsınız; Zaman kazandığınız görevlerin liderliğinden ve devredilmesinden, etkili iletişimden zaman kazanırsınız, kazan-kazan müzakerelerinden zaman kazanırsınız, ihtiyaçların doğru tespitinden ve ikna edilmesinden zaman kazanırsınız. Mevcut ve gelecekteki projeleriniz için kullanabileceğiniz bu önemli kaynağı buradan

KARIZMA 83

edinebilirsiniz. İnsanlarla ne kadar çok çevrelenirseniz, karizmanız o kadar büyür, o kadar etkili ve güçlü olursunuz.

62. İlişkiler kurun ve önemli insanlarla yakınlaşın

Başarılı insanların başkalarının önünde yükselttiği bir engel vardır, bunu bir üstünlük duygusuyla yapmazlar, başarılı insanlar genellikle mütevazı ve en iyi niyetle yapılır. Bu duvarı, kendilerinden yararlanmak isteyen, yetiştirmeyi başardıkları kaynakları iş ve fedakarlık yoluyla ellerinden almak isteyen insanlardan korumak için inşa ediyorlar. Başarılı bir insan, hem bir vurguncuyu hem de geliştirdiğiniz potansiyeli adım adım hızlı bir şekilde tanımlama yeteneğine sahiptir. Sizin gibi insanlar için ilgiden daha fazlası var, en iyi bilgiyi paylaşma sevgisi var. İlginizi nasıl göstereceğinizi ve dürüst bir insan olduğunuzu bilirseniz, başarılı insanlar sizinle konuşmak ve sizi ciddiye almak isteyeceklerdir. Sizi destekleyecekler çünkü sizde kariyerlerinin başında sahip oldukları aynı idealleri ve aynı içsel gücü görecekler.

Topluluğunuzda mümkün olduğunca çok liderle tanışın. Bir kitap yazın ve o insanlara verin. Birkaç kitap yazın ve ortak bir proje önerin. Bunlar etkili bir kişiye bırakabileceğiniz en iyi kartvizitlerdir, sizi şu anda bulunduğunuz anonimlikten çıkarabilir ve sizi ciddi bir diyalog partneri haline getirebilirler. Yaptığınız işte ve önerdiğiniz projelerde yaratıcı ve özel olduğunuzu gösterin. Başarılı bir kişinin tavsiyesine nasıl saygı duyacağınızı ve onu nasıl takdir edeceğinizi bildiğinizi gösterin. Başarılı bir insanla yüz yüze tanıştığınızda karizmatik olmanın ne demek olduğunu bildiğinizi gösterin.

63. Şansınızı doğru analiz edin

Aynaya en son ne zaman baktın? Kendinize ne zaman bir yabancının size bakacağı eleştirel gözle baktınız, hakkınızda hiçbir şey bilmeyen ve üzerinizde ilk izlenim bırakması gereken biriyle? Aynanın yansıttığı görüntüden memnun musunuz? Sizi bir bütün olarak nitelendiriyor mu, aynadaki görüntü düşüncelerinizin ve duygularınızın yansıması mı? Tüm bu sorular hakkında derinlemesine düşünün ve gerçekte kim olduğunuzu görün.

Kim olduğunla mutlu musun yoksa daha fazlasını mı istiyorsun? Kişisel başarınızı garanti altına alabilecek hangi niteliklere sahipsiniz? Yapmaya karar verdiğiniz şeyde başarılı olmak için geliştirebileceğiniz beceriler nelerdir? Nereden başladığınızı ve hangi niteliklere sahip olduğunuzu olabildiğince doğru bildiğiniz için şansınız artacaktır. Kaynaklarınız ve varlıklarınız neler? Bu sıfır an, o andan itibaren asıl amacı kişisel dönüşümünüz olan kişisel gelişim süreci başlar.

Gerçekte kim olduğunuzu biliyorsanız, hedeflerinizi doğru bir şekilde belirleyebilir ve doğru şekilde boyutlandırabilirsiniz. Birçoğu bir üstünlük kompleksi nedeniyle başarısız olur, kişisel değerlerini aşar ve değerlerinin gerçekte ne olduğunu gördüklerinde gerçek bir dram yaşarlar. Başkaları tarafından nasıl görüldüklerini ve geri bildirimlerinin ne olduğunu gördüklerinde. Gerçeğin anı, değerinizi sizin ve başkalarının kendiniz hakkında ne düşündüğüne göre ayarladığınız zamandır.

64. Kademeli değişimi seçin

Tüm güzel şeylerin dün başlamasını istiyoruz, şimdi veya yarın değil. Hızlı okumaya başladığınızda okuma hızınızı hemen artırmak istersiniz, ancak bu mümkün değildir. Şahsen, hızlı okumanın tüm hayatım için bir taahhüt olduğunu anladım. Bir veya beş yıl içinde nerede olursanız olun, daha hızlı ve daha hızlı okuyacağınızı, kaliteli bilgilere erişeceğinizi ve herkesten çok daha hızlı gelişeceğinizi fark ettiğinizde, yapmanız gereken tek şeyin kendinizi irade ve sabırla silahlandırmak olduğunu anlarsınız. . Er ya da geç, olağanüstü bir performans seviyesine ulaşabileceksiniz.

Belirlenen hedeflerinize ulaşmayı başardığınızda, hedefinize ulaştığınızı kesin olarak hissedeceğiniz an, yay ile atış yaptığınız anla aynı olacaktır ve okun hedefi vurduğunu bilirsiniz. Ve bu sizi tatmin edecek ve bazen içinizde mutlu olacaksınız ve gücünüze olan güveniniz çarpıcı biçimde artacaktır.

Asla ani olmayan kademeli değişimi seçin. Kucakladığınız değerleri anlamayı seçin, bu değer kültüründe yaşayın ve keşfedin, keşfettiğiniz ve kucakladığınız her yönden zevk alın. Adım adım evrim sizi dönüştürecek, hoş, görünür, güçlü bakış açılarını ifade edebilecek, grubundaki nüfuzunu artıran ve güçlendiren, karizmatik bir kişi yapacaktır.

65. Görüntünüz önemli

Son derece önemli iki yönü dengelemelisiniz. Birincisi kendinize dair sahip olduğunuz imaj, ikincisi başkalarının sizinle ilgili sahip olduğu imaj, konuşurken ve kendinizi ifade ettiğinizde başkaları üzerinde bıraktığınız izlenimdir. Yapmanız gereken, bu iki görüntüyü uyumlu hale getirip ortak bir paydaya sahip olmaları için kalibre etmektir.

İmge, düşündüğün şekilde verilir, etrafına aktardığın karizma düşüncelerinin niteliği ile verilir. İnsanlar, gerçek niyetlerini gizlemek için ellerinden geleni yapsalar bile, sahte insanlar, diğer insanlardan yararlanmaya çalışan insanlar, vicdansız insanlar gibi hissetme yeteneğine sahiptir.

İmgeniz üzerinde çalışmak istiyorsanız, düşüncelerinizin sıklığını değiştirerek başlamalısınız. Size büyüme ve gelişme şansı veren temel değerlerle ilişki kurmanız gerekir. Sadece iyi bir şey yaparak, iyi bir kelime söyleyerek düşüncelerin sıklığını değiştiremezsiniz. Bahar çiçek yapmaz. Karizma hakkında bir kitap okursanız karizmatik olamazsınız, yaşadığımız bu dünyayla ilişki kurma şeklinizde tamamen bir değişikliğe ihtiyacınız var. Olumlu düşünme, ileriye dönük düşünme, parlak düşünme ve başarılı düşünme, gelişmenizi, başarıyı bilmenizi ve karizmatik olmanızı sağlayacak kanunlar ve ilkeler hakkında yüksek düzeyde bilgi ve anlayışa ulaşmak için atmanız gereken önemli adımlardır.

66. İkna edici ve özverili olun

İnsanları ikna etme gücü, egzersiz yapmanız gereken son derece önemli bir niteliktir. Başkalarına dayattığınız çıtayı aşmayı başarırsanız, başkalarını ikna edebileceksiniz. Kendinizi belirli bir şeye ikna etmeyi başarırsanız, o zaman diğer insanlarla da aynı şeyi yapmaya çalışabilirsiniz. Bir şeye inanmazsanız, o zaman başkalarını ikna etmeyi başaramazsınız.

Hedef belirlemek gerçekçilikle ilgilidir. Yarın bir milyon dolar kazanmak istiyorsanız, bu hedefi işsiz olarak belirlerseniz, hedefinizi doğru yazsanız bile inanmayacaksınız. Bu sıçramaların başarı şansı son derece düşüktür, ancak gelecek yıl gelirinizi ikiye katlamak için liderlik, zaman yönetimi, hedef belirleme, iletişim, müzakere, topluluk önünde konuşma, karizma ve ikna gibi temel becerilere her gün yatırım yapmayı planlıyorsanız, o zaman sonunda o yıl kazancınızın iki katından fazlasını yapabileceksiniz.

İnanç, iç inançlarınızdan gelir. İyi bir şey yapma arzusundan ve doğru olduğunu düşündüğünüz değerlerle ilişki kurma yeteneğinden. Sıkı çalışma ve özveri ile iki katına çıkarılmalıdır. Bir fikir, ne kadar iyi olursa olsun, uygulamaya konulamıyorsa değersizdir. Ne yapmaya başladıysanız, devam edin ve geri bildirimleri hesaba katın, stratejiyi yeniden düşünün ve başarı istiyorsanız başarılı insanlar gibi olun. Onlar gibi çalışın, onlarla aynı güce inanın.

67. Başarı için sarhoş olmayın

Birçoğu başarılı olduktan, rahatladıktan ve tepkilerini kaybettikten sonra iyi şeyler yapmayı bırakır. Başarı, bir savaşı kazanmak değil, savaşı kendinizle kazanmak anlamına gelir. Kendini sınırlayan inançlarınızı tek tek aşmak ve tutku alevinin sönmesine izin vermemek. Gardınızı düşürmenize izin verilmez, hayat sürekli bir mücadeledir, ne kadar çok gelişirseniz, zorluklar o kadar büyük olur. Belki de bu yüzden liderin omuzlarındaki ağırlık çok fazladır ve gerçek bir liderin yerini doldurması çok zordur.

Devam etmek ve kendi kendini motive etmek için enerjini kendi kendine üret. Başkalarına bir şey ispatlamak istiyorsanız, bunu sadece kısa bir süre için yapabilirsiniz; gerçekten başarılı olmak için sevgiye ihtiyacınız var, aksi takdirde sadece bir süre durgunluk yaşarsınız ama durursunuz. Ocakta ateş yakmaya çabalamak gibi, odaya ara sıra bir odun koyarsan sıcak olur, unutursan ateş söner ve alev alması senin için çok daha zor olur.

Sevgi size her gün devam etme, kendinizi aşma ve her gün aynı tutkuyla başarılar dileme gücü veren şeydir. Yaptığınız şeyi seviyorsanız, olan her şey daha kolay görünür. İmkansız gibi görünen durumlar, sahip olduğunuzun farkında olmadığınız kaynakları bulmanız, daha önce kimsenin görmediği çözümleri bulmanız, başkaları için imkansız görünen şeyleri sizin ve sevdikleriniz için mümkün hale getirmeniz için sizi zorluyor.

68. Sizi hak eden kişileri bulun

Sizi anlamayan ve sürekli çatışma içinde olduğunuz insanlarla, onları istediğiniz şeyin iyi olduğuna ikna etmeye çalışarak zamanınızı boşa harcamayın. Bu zaman ve enerji kaybıdır ve asla kazanamayacaksınız. Bunun yerine, vizyonunuzu paylaşan insanları arayın. Böyle hevesli insanlarla konuşun ve inançlarınızı güçlendirin. Çoğu zaman kimse size ne yapmanız gerektiğini söylemek zorunda kalmaz, belirli durumlarda nasıl davranacağınızı zaten bilirsiniz, ancak bu yönde hareket etmeniz gerektiğine ikna olmazsınız. Bu hevesli insanlarla konuşmak, sahip olduğunuz tüm bu düşüncelerinizi ve tereddütlerinizi ortadan kaldıracaktır. Bunun izlenecek yol olduğuna ve sizin için başka bir çözüm olmadığına veya size fayda sağlamadığına ikna olduğunuzda, ancak o zaman kendinize ait her şeyi vermeye ve bedeninizi ve ruhunuzu davanıza adamaya başlarsınız.

İnsanlar konfor bölgesine tutsak kalırken kazanmak ve gelişmek isterler. Bunu sadece kısa bir süre için yapabileceksiniz. Dediğim gibi, en iyi şansınız liderlik potansiyelinizi artıran olaylara ve durumlara dahil olmaktır. Sizinle aynı çapta insanlarla tanışın ve onlardan doğru geri bildirimleri alın. İnandığınız idealleri paylaşmaktan zevk alacak ve keyif alacak insanlar bulun. Başlangıçta onları bulmanız zor olacak, ancak zamanla çevrenizdeki insanların sizi nasıl gözden geçireceklerini göreceksiniz ve arkadaşlar edinebileceğiniz, karakter ve onurlu insanlara güvenebileceksiniz.

69. Bilgi okuma ve kendi deneyiminizin karşılaştırması

Hızlı okuma ve gelişmiş bilgi erişim tekniklerini insanlarla zengin bir kişisel deneyim ve onlarla etkileşim ile birleştirmek iyidir. Yatırım yapmaya değer bir kişi ile kesinlikle hiçbir ortak yanınız olmayan biri arasındaki farkı anlayabilen sizsiniz. En basit ve en açıklayıcı örnek, insanların genellikle tanıdıkları, etkileşimde bulundukları kişileri arkadaş olarak kabul ettikleri sosyal ağdır. Bu şekilde arkadaş sayısı 200 civarındadır, paylaşımları aile hayatı, seyahat veya endişeleriyle ilgilidir. Birinin 4000'den fazla kişisi olduğunda, sayfa% 80'inin ilgilenmediği her türden konu tarafından işgal edilecektir. Ve bu 4.000 kişiden sadece birkaçı onun arkadaşı. Bu insanların çoğu ilgiyi hak etmiyor çünkü asla iyi veya yararlı bir şey öğrenmeyecekler.

Özellikle hızlı okuma ve ilgili teknikleri kullanıyorsanız bilmek, okumak ve kendinizi bilgilendirmek önemlidir, ancak okuduklarınızı ve bildiklerinizi pratik yapmanın daha önemli olduğunu düşünüyorum. İki bileşenin her biri son derece önemlidir. Ortaya çıkan şanslardan yararlanmak için en iyi yolu bulmalısınız. Bu şanslar kayan yıldızlar gibidir, eğer sabrınız ve onları görme arzunuz varsa göktedir, ilgilenmezseniz hiçbir zaman göremezsiniz. Eğer ilgileniyorsanız ve bununla ilgili bir şeyler yaparsanız, gerçek başarıya ulaşma şansı sizin olacaktır.

70. Değerlerinizi zaman zaman netleştirin

Yaptığınız her şeye ara verin. Günlük çılgınlığı durdurun ve hayatın tadını çıkarın. Başarılı insanlar, ara vermeleri gerektiğini düşündüklerinde bunu yaparlar. Kendilerine bildikleri her şeyi sıfırlayabilecekleri ve her şeyi başka bir seviyeden inşa etmeye nereden başlayabilecekleri abartılı tatillere izin veriyorlar. Hayatımızdaki şeyler baş döndürücü bir şekilde değişiyor. Bu yüzden onları anlamak için dönemlere ihtiyacın var. Kim olduğunuzu, kim olduğunuzu görmek ve olmak istediğiniz kişi hakkında ciddi şekilde düşünmek.

Birçoğu kişisel gelişimin boş konuşmadan başka bir şey olmadığına inanıyor. Onları başka türlü asla ikna etmeyeceğim, yapabileceğim tek şey bunca zamandır nasıl geliştiğimi göstermek. Kişisel değerimi sürekli olarak nasıl artırmayı başardım ve aşılmaz olduğunu düşündüğüm belirli engelleri nasıl aşmayı başardım.

Ne kadar hızlı evrimleşirseniz, değindiğiniz değerlerin ölçeği o kadar fazla değişecektir. Bağlı olduğunuz değerlere göre uyarlamanız ve ayarlamanız gerekir. Hayat zamana karşı bir yarıştır. Yeterince hızlı hareket etmezseniz, sonuncular arasında lider konumuna ulaşırsınız, çünkü ne kadar güçlü ve hazırlıklı olursanız olun, sizinle ve diğerleriyle çok daha iyi aynı değere sahip epeyce vardır. Kişisel gelişim, kendi gücünüze güvenmenizi sağlayacak, kendinize ve şanslı yıldızınıza daha çok inanmanızı sağlayacak, inandığınız kişisel değerleri netleştirmenize yardımcı olacaktır.

71. Yaptığınız şeyin doğru olduğuna kendinizi ikna edin

Yaptığınız her şeyin iyi olduğuna kendinizi ikna etmelisiniz ve bu süreç içsel analizlerden biridir. Hayatınızın belirli bir gününde başlayan ancak haftalarca hatta aylarca devam edecek bir süreç. Gerçekte kim olduğunuzu görmek için, ilişki kurabileceğiniz yeni bilgiler aramanız gerekir. Kendiniz hakkında zaten bildikleriniz yeterli değildir çünkü dikkatinizi yeni bir şeye, dayanmadığınız bir yöne çevirdiğinizde, yeni bir dünya keşfedersiniz. Profesyonel fotoğraflar çekmek istiyor ama sadece telefonunuzu evde bulunduruyorsanız, bunun faydalı olmayacağını göreceksiniz. Kendinizi fotoğraf sanatına adarsanız, bildiğiniz şeyin pek bir değeri olmayacaktır. Kaliteli bilgi biriktirmeye başlamalısınız, mümkün olduğunca öğrenmeye başlamalısınız ve en önemlisi ekipmana para yatırmalısınız. İçsel bilgi de benzer bir süreçtir, kendiniz hakkında yeni şeyler öğrenmeye başlamanız ve kişisel gelişiminize para yatırmanız gerekir. Tüm eylemlerinizin yalnızca bencil hedeflere ulaşmaya yönelik olmadığını, aynı zamanda doğayı veya diğerlerini de hesaba katmaya çalıştığınızı unutmamalısınız. Doğayı koruyun, orada yaşayan canlıları koruyun ve sırf sizin yararınıza olduğunu düşündüğünüz için hiçbir şeyin üzerinden geçmeyin. Sebep ve sonuç kanunu, hoşunuza gitse de gitmese de bu dünyada işler. Doğaya, çevreye veya arkadaşlarınıza karşı yaptığınız herhangi bir eylem er ya da geç sizi etkileyecektir. Yaptığınız şeyin size geri dönmesi, etkilenmenizin de an meselesi.

72. Sarsılmaz inançlara sahip olmaya çalışın

Hayat zordur ve sorunlar ortaya çıktığında inancınız kesilir. İnsanlar güçleri olmadığı için değil, avantajlarını boşa çıkardıkları ve inançlarından vazgeçerek mücadeleden vazgeçtikleri için başarısız oluyorlar. İnancınız bozulmamışsa, ortaya çıkan herhangi bir sorunun aslında bir meydan okuma olduğunu bilirsiniz. Kesin inançlı insanlar ilham veren insanlardır, her yerde başkaları tarafından takip edilen karizmatik liderlerdir.

Bir lideri takip etmek çoğumuzun sahip olduğu bir ihtiyaçtır. Kişisel hedefler belirleyebilir ve bunları başarabiliriz, ancak gerçek bir lider ortaya çıktığında, ona ve onun mesajına çekiliriz. Tek istediğimiz, bu liderin gelişmemize yardımcı olması, bizi güvenli bir şekilde kendimiz ve ailelerimiz için daha iyi ve daha güvenli bir yere götürmesi ve bunun için zaman, para ve enerjiye yatırım yapabilmektir.

Güç, karizmayı ve inancı temsil eder. Yararlı şeylere inanç olmadan lider fanatik olur ve karizma olmazsa lider zorba olur. Karizma, lideri insanileştirebilecek niteliktir, onu insanlara çok daha yakın hale getirebilir. Karizmanız, tam olarak farkında olmadığınız içsel bir kaynaktır; kişisel ve profesyonel bir evrim, daha fazla değer ve daha fazla etki için mümkün olan en kısa sürede vermek zorunda olduğunuz bir şanstır.

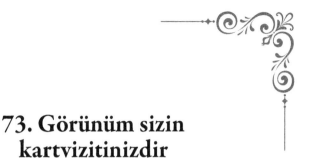

73. Görünüm sizin kartvizitinizdir

Karizmatik insanlar gibi kusursuz olun. Sanki kutudan çıkarılmış gibi ütülenmiş ve kesilmiş, kusursuz bir kıyafetle Pazar ayinine giden yaşlı bir kadın gördüm. Yaşlı olmasına ve Parkinson hastası olmasına rağmen, kusursuz bir insan olduğu izlenimine kapıldınız. Mücevherlerle dolu değildi, binlerce avroya kıyafet giymemişti ve daha önce bir güzellik salonuna gitmemişti. Sanırım hayatı boyunca özel bir zarafetle böyle olmuştu ve yaşlılık ona bir yük olarak değil, bir armağan olarak geldi.

Görünüşlerine hiç aldırış etmeden, farkında olmadan onu diğer perişan yaşlı adamlarla karşılaştırdım. Ve fark çok büyüktü. O yaşlı kadında eğitim ve kültürün ötesinde kelimelerin ötesinde bir şey vardı, karizmaydı. Yaşın ona hakim olmasına izin vermeme arzusu, omuzlarına baskı yapan yılların önündeki haysiyet ve özgür ruh, yine de seçim yapabilme yeteneği. Onu sadece birkaç saniye gördüm, ama imajı çok uzun zaman sonra hala aklımda yaşıyor. Bu karizma demektir.

Yaşlıların çoğu hayatını kaybetti. Artık gülümsemiyorlar, kriz haberlerini ya da kendi hayatlarıyla ilgili haberleri acımasız darbeler olarak alıyorlar. Çok incindiğinizde, umutsuz olduğunuzda, gerçeğe karşılık gelse de olmasa bile, o zaman görünüşünüz, dışa aktardığınız görüntünüz artık önemli değildir. Kavgayı bırakırsın ve koşulların kurbanı olursun.

74. Gösterdiğiniz etki, sahip olduğunuz karizmadır.

Örneğin ağaç dikmeyi teklif edersen kaç kişi seni takip edecek? Bir parkı temizlemek istersen kaç kişi seni takip edecek? Gönüllülüğü içeren eylemler teklif ettiğinizde kimse sizi takip etmiyorsa, karizmatik olmaktan uzaksınız demektir. Etkiniz, sahip olduğunuz parayla veya verdiğiniz vaatlerle doğrudan ilişkili olmamalı, başkalarının zihnine yerleştirebileceğiniz bir fikir olmalıdır. Daha önce de söylediğim gibi, onlara anlam verebilecek bir fikir. Her birimizin bu kişisel idealleri var ve kendimiz ve sevdiklerimiz için en iyisini istiyoruz, bu yüzden dahil olmaya ve hatta bu konuda bir şeyler yapmaya hazırız.

Doğru dili bulursanız, onlara gösterebilir ve maddi avantajların ötesinde ne gibi faydalar sağlayabileceklerini açıklayabilirsiniz, o zaman onları ödemek zorunda kalmadan kendi tarafınızda kazanabilirsiniz. Büyük askeri liderler, karizmalarını nasıl göstereceklerini biliyorlardı ve inandıkları idealleri ve daha iyi bir ortak gelecek için sahip oldukları vizyonu aktararak askerlerin ve subayların sadakatini elde ettiler. Karizmanın dokunduğu ve onun geleceğini tahmin ederek, savaşmayı başardılar ve hatta savaş alanında canlarını verdiler. Karizma, canlı bir organizma olarak bir bütün olarak hareket eden hem bireylere hem de kitlelere ulaşma gücüne sahiptir. Amacınız bu yeteneğe hakim olmak ve olumlu düşünceler ve yüksek ideallerle hareketlenmektir.

75. Kilit alanlara yatırım yapmak

Karizmanızı geliştirmek istediğinizde, zaten sahip olduğunuz içsel niteliklere yatırım yapmalısınız. Hayatınızın kilit alanlarına yatırım yapmanız ve hem kendiniz hem de başkaları için yapabileceğiniz iyi şeyleri vurgulamanız gerekir.

Karizma, Tanrı'nın insanlara verdiği bir hediye olarak kabul edilir. Her birimiz bu armağana sahibiz çünkü O her birimizi özel kılmıştır. Biz özdeş değiliz. Her birinin keşfedilen veya uykuda duran ve nihayet keşfedilmeyi bekleyen bir veya daha fazla yeteneği vardır.

Dünyanın daha iyi bir yer olabilmeniz için size ve yeteneğinize ihtiyacı var. Çevrenizdekiler için faydalı bir değişiklik yapabilecek olağanüstü bir insansınız. Tek yapmanız gereken yeteneklerinize yatırım yapmak ve sürekli olarak yeteneklerinizi geliştirmek. Isaac Newton, Albert Einstein, Leonardo Da Vinci, Büyük İskender, William Shakespeare, Johann Wolfgang von Goethe, Syracuse Arşimetleri, Wolfgang Amadeus Mozart, Ludwig van Beethoven, Marie Curie, Alexander Graham Bell, Socrates olmasaydı bugünün dünyası nasıl olurdu? , Johann Sebastian Bach, Thomas Edison, Julius Caesar, Napoleon Bonaparte, Fyodor Dostoevsky ve diğerleri? Bence dünya çok daha fakir olurdu. Dünyanın da size ihtiyacı var, bu düzeyde olmasa da katkınızı yapabilirsiniz ama çevrenizdeki insanlar üzerinde olumlu bir etkiye sahip olabilir, kişisel başarıyı kucaklayabilir ve gelişebilirsiniz.

76. Kalp ile aşk ve akıl ile yargılama

Ruhu incitmemek için, önceden durumları düşünün ve daha iyi olanı bekleyin, ancak daha kötü olana hazırlıklı olun. Uzun vadeli eylemler nedeniyle ortaya çıkan sonuçlar için oldukça uzun bir bekleme aralığı yaratır. Hemen sonuç almak istediğinizi, çalışmalarınızın olabildiğince çok kişi tarafından tanınmasını ve takdir edilmesini istediğinizi biliyorum, ancak hayatta böyle değil. Her şeyin bir zamanı vardır, çalışmayı, sebat etmeyi ve sabrı gerektirir ki inşa ettiğiniz her şey kendi kendine gidecek içsel güce sahip olsun.

Planlama süreci yalnızca ilk adımdır, hedefe ulaşmaya yönelik uyumlu eylem ikinci adımdır, ancak sonuçlar bazen sadece bize değil, aynı zamanda kontrol edebileceğimiz veya edemeyeceğimiz bir dizi yeni dış faktöre de bağlıdır. Bu yüzden kişisel başarımızı kimsenin garanti etmediğini söyledim. Her zaman kontrol edemeyeceğiniz alanlar olacaktır. Birkaç kütüphane okuyan en büyük filozof, arabadaki bir şeyi nasıl tamir edeceğini bilmez ve sadece birkaç yıllık okulu olan tamirciye gider. Hayat sizi, ustalaştığınız tüm bu niteliklerin veya çoğunun geçersiz hale geldiği durumlara sokar.

İnsanlar farklı alanlarda gelişir ve uzmanlaşır; Senin rolün, yardım edebileceğin ve gelişmen için sana yardım edebilecek kişileri bulmaktır. Onları yargılamayın, daha çok sevmeye ve değerlerini anlamaya çalışın.

77. Her birimizin yalnızca onun olan bir şeyi var.

Her birimizin bir misyonu var, bazılarımızın onu keşfetme ve görevlerini yerine getirmekten mutlu olma şansı var, diğerleri ise mutsuz ve yaşam için hayal kırıklığına uğrayacak çünkü olağanüstü potansiyelleri yok olacak ve belli bir seviyede kalacaklar. asla ayrılamayacaklar. Hepimizin sadece değerlenmeyi bekleyen sonsuz potansiyeli var. Aslında yapabildiğimizin sadece küçük bir kısmını kullanıyoruz. Günlük zamanımızın yalnızca% 3'ü kadar bir yatırım, performansımızı ortalama bir süre içinde ikiye katlayabilir ve benzerlerimizden çok daha hızlı bir gelişim sağlayabilir.

Her gün 45 dakika yatırım yapmak bir zorunluluktan fazlasıdır, kendinize karşı bir zorunluluktur. Gelecek, net liderlik özelliklerine sahip olan, zaman yönetimi, hedef belirleme, müzakere, iletişim, topluluk önünde konuşma, ikna veya karizmayı bilenlere aittir. Öğrenmek için harcadığınız her dakika, kendinize yatırım yaptığınız bir dakikadır.

En zor görev, bunu yapmak için motivasyonu bulmaktır. Çoğu insana belirli bir şeyin nasıl yapılacağını öğretmek zorunda değilsiniz, neden yapmaları gerektiğini onlara göstermelisiniz. Bu yönü anlarlarsa, hiçbir şey onları başarıya giden yoldan alıkoyamaz. Çoğu insan tüm bu kaynaklara sahiptir ancak yola çıkacak cesareti yoktur.

78. Mükemmellik

Herkesin size iyi davrandığı, sürekli sizinle ve duygularınızla ilgilendiği mükemmel bir dünyada yaşamak ister misiniz? Yapamazsın. Mükemmel dünya var olmaktan uzaktır. Bu ilkelere göre yaşamaya başlarsanız ve etrafınızdakilere her türlü kuralı ve mahrumiyeti empoze ederseniz, o zaman insanlar size tuhaf bakacak, sizden kaçacak ve sonunda sizden nefret edecek.

Daha iyi olmak isteyebilirsin ama dünyayı değiştiremezsin, yapamazsın. Bunun yerine cildinizde kendinizi iyi hissetmeye başlayabilirsiniz. Dergilerde veya büyük reklam panolarında gördüğünüz reklamların resimleri genellikle photoshop veya benzeri programlarda işlenir. Kimse mükemmel değildir, karizma sahip olduğunuz niteliklere değer vermek ve kusurlarınızı düzeltmeye dahil olsanız bile iç sınırlarınızı kabul etmeyi öğrenmek anlamına gelir.

Herkes seni kabul edebilir ya da yoluna devam edebilir. Kendinizle gurur duymaya çalışıyorsunuz, neden başardınız ve sürekli olarak daha azıyla daha fazlasını yapmaya çalışıyorsunuz. Sahip olduğunuz kaynaklara değer vermeye çalışın, birçoğu sıfırdan başarıya ulaştı, sadece iradeyle silahlandırıldı ve olumlu sonuçları o zihinsel imaj gerçek olana kadar görselleştirin. Evrimleşmeyi başarır ve etrafınızdakilerden saçma iddialara başlamazsanız, o zaman karizmatik bir insan olacaksınız. Karizmanın ne olduğunu, bununla nasıl ilişki kuracağınızı ve özellikle başarı şansınızı artırmak için onu nasıl kullanacağınızı anlayabileceksiniz. Louis de Funès yakışıklı denen bir adam değildi, ancak çoğu onu son derece karizmatik olarak görüyor.

79. Karizmanın sırrı, karizmatik olduğunuz inancıdır.

Kendinize bunu defalarca söylerseniz, kişisel çekiciliğinizi geliştirmek için yaptığınız her şeyi takip ederseniz, bir süre sonra bu şekilde algılanmaya başlayacaksınız. Güçlü olduğunuzu düşünüyorsanız ve bunu sık sık tekrarlarsanız, kendinizi güçlü hissetmeye başlayacaksınız, diğerleri size karşı tutumlarını değiştirmeye başlayacak ve size daha çok saygı duyacaktır. Değişim, aşamalı olarak, stratejik düşünme ve pozitif düşünme ile iki katına çıkarılmalıdır. Senden önce insanlar bu kadar başarılıydı. Dolayısıyla, düşüncenizi değiştirirseniz, gerçek başarı ile ilişki kurma şeklinizi değiştirirseniz ve özellikle de inandığınız değerler olarak gerçek başarı değerlerini seçerseniz başarılı olursunuz.

Zihnin yeni bir mekanizmaya alışması, yeni bir alışkanlık edinmesi için bir aya ihtiyacı vardır. Kişisel gelişimin tüm hayatınız için bir proje olduğunu düşünürsek, bir ay boyunca değişmeye çalışmak ne kadar zor? Bunu yaparsanız, her şey daha kolay hale gelecektir çünkü ilerlemek için atalet kullanacaksınız. Her zaman aynı yerden başlamak zorunda kalmayacaksınız, her seferinde ateşi yakmayacaksınız ama sönmemesi için ona güç vermeye özen göstereceksiniz. Olmak istediğiniz her şeyi defalarca tekrarlayın, düşündüğünüzü hayata geçirerek çalıştığına ve hareket ettiğine% 100 ikna olun. Özellikle ciddi bir şekilde düşünürseniz ve konfor bölgesinde takılıp kalarak neler elde edeceğinizi değişikliği kabul ettikten sonra ortaya çıkan başarılarla karşılaştırırsanız, denemekten kaybedecek çok şeyiniz olduğunu sanmıyorum.

80. Rolü girin

Liderler, karizmaları ve etrafındakiler üzerindeki etkileri nedeniyle lider olurlar. Kişisel çekicilik, ne yaparlarsa yapsınlar rollerini üstlenmelerini sağlar. Eylem halindeyken özgüvenle dolup taşarlar ve duygu ve düşüncelerini kontrol altında tutarlar. En iyi lider, zarif, birkaç bin avroluk bir takım elbise giyen, tulum giyen insanlarla temasa geçtiğinde ceketini çıkarır, kravatını açar, kollarını sıvar ve takımın bir parçası olarak algılanır. Bu uyarlanabilirlik gücü, bu histrionik onu bir arkadaş olarak algılar, karizmatik yapar.

Rolüne girmek, olumlu tutumlar benimsemeyi ve grubun diğer üyeleriyle ilişkilerde yansıyan daha yüksek değerlere bağlı kalmayı içerir. Kişisel değerinizi ne kadar artırırsanız ve daha fazlasını verebilirseniz, gruptan o kadar çok alırsınız. Bu olmazsa, kendinizi o gruba doğru şekilde ayarlamadığınız ve o grubun üyelerinin yapısı ve yönüyle ilgili temel verileri atladığınız anlamına gelir.

Yapmayı seçtiğiniz her şeyde bir profesyonel gibi davranın. Özellikle bu dünyada garip görünse bile adil olmayı seçin. Bu dünyanın açık kanunlar ve kurallarla yönetildiğini ve yapmayı seçtiğiniz iyiliğin size bir şekilde geri döneceğini unutmayın. Çalışmaktan ve kendinizi seçtiğiniz değerlere adamaktan başka şansınız olmadığını anlayın ve eğer bunu yapmayı seçtiyseniz, yaptığınız işi sevin ve başkalarının da sizi seveceğini göreceksiniz.

81. Karizmatiklerden öğrenin

Ticaret yaptığımız değerlerin analizini yapmadan, büyük hedeflere ulaşmanın çok kolay olduğunu düşünüyoruz ve tüm planı yanlış boyutlandırdığımızı görünce korkuyoruz. Doğru analizi yapmayı öğrenin ve nereden başlayacağınızı bilin. Elde edemeyeceğiniz şeyleri istemiyorsanız, ama aynı zamanda daha fazlasını istemeye, sınırlarınızı aşmak istemeye zorlanıyorsanız, en azından, öğrenmeye istekli olmalısınız.

Ailenizde, okulda veya işte en karizmatik kişi kim? Bu insanların sahip olduğunu düşündüğünüz nitelikleri düşünün. Onları karizmatik yapan nedir? Onlardan öğren. Davranışlarını ve etrafındakilerin tepkilerini gözlemleyin. Aktif dinlemeyi kullanarak onlarla konuşun. Başarılı felsefeleri hakkında sorular sorun. Neyi iyi yaptıklarını ve nerede yanıldığınızı görün. Performanslarını takdir edin ve başarılarından memnun olun.

Hayatınızda tam olarak aynı mekanizmaları uygulamak için hangi mekanizmaları kullandıklarını anlamanız gerekir. Gerçekten önemli olan detaylara dikkat etmeme eğilimindeyiz. Farkı yaratan bu küçük detaylardır. Karizma, öğrenilen ve uygulanan bir beceridir. Kişisel gelişim alanında bu kazanan avantajların profesyonel öğrenme ve eğitim yoluyla elde edilebileceğini zaten biliyorsunuz. Değer Kültürü, mükemmelliğe doğru adım atmanıza, gelişmenize ve başvurabileceğiniz yeni değerler aramanıza yardımcı olur.

82. Müşteriniz karizmatik

Müşteri en önemli kişidir ve arzusu tatmin olmak ve iyi muamele görmektir. Bunu öğrenenler buna göre hareket eder. Büyük şirketlerin aktardığı fikir, önlerinde en önemli kişinin olduğu yönündedir. Onlara bu şekilde davranmayarak onları kaybettiklerini, müşterilerin rekabeti seçtiklerini bilirler. Bir havayolu, kesinlikle objektif nedenlerle bir uçuşu 24 saatten fazla iptal ettiğinde, müşterilerini en iyi otellerden birinde, müşterilerinin asla kalmasına izin verilmeyeceği bir yerde ağırlamayı seçer. Şirket kaybedebilir, çünkü böyle bir otelde bir gün uçak biletinin maliyetini çok aşabilir, ancak müşterinin nasıl hissettiği önemlidir. Kendini iyi muamele görüyor, bagajlı ve çocuklu bir havaalanı bankında terk edilmemiş hissediyor. Müşteri eve gelecek ve uzun süre bu şirketin onunla dalga geçmediğini ve adına saygı duyduğunu söyleyecektir. Bu en iyi reklam - sosyal kanıt. Diğerleri o şirketin hizmetlerini güvenle kullanacaktır.

İlgi ve dikkatinizi çevrenizdeki insanlara verin ve onların fikirlerini ciddiye alın. Onları hesaba katın, bakış açılarını sorun ve fikirlerinin ve çekincelerinin neler olduğunu görün. Önünüzdeki kişinin önemli ve karizmatik olduğunun farkına varın. Bu duyguyu olabildiğince uzun süre sürdürmesi için ona meydan okuyun. Satışta olan herkes, müşterileri elde tutmanın onları kazanmaktan çok daha zor olduğunu bilir. Sonuçta, onlara aktardığınız karizma, karizmanızdan başka bir şey değildir.

83. Bazen çok fazla kelime

Dünya kelimelerle dolu ya da daha doğrusu dünya zaten kelimelerle dolu. Bir şey sormak ya da vermek için kelimeleri kullanma eğilimindesiniz. Zihniniz böyle ayarlandı. Zaman zaman sözcüklerden vazgeçin ve onları jestlerle değiştirin. Bu hareketlere mümkün olduğunca çok sembol yükleyin ve sizin için konuşmalarına izin vermeye çalışın.

Zamanla insanların sizi nasıl anlayacağını ve konuşmadığınızda sadece onlara bakın, gülümseyin ya da belirli bir vücut duruşu benimseyin. Partnerlerinizle paylaştığınız ortak değerler için kelimeleri sevgi ve takdirle değiştirin. Bu, her zaman ifade ettiğiniz karizma anlamına gelir. Bazen konuşmanıza gerek kalmaz, sadece bakmanız, hissettiklerinizi deneyimlemeniz ve zevk almanız gerekir. İki genç aşık olduğunda çok fazla kelimeye ihtiyaçları kalmaz, birbirlerini jest ve bakışlarla anlarlar. Birinin diğeriyle ne iletmek istediğini sezmeye başlarlar. Karizma, sezgi demektir. Gelecek bizi korkutuyor, topluluk önünde konuşma korkusuyla birlikte, geleceğin bizim için taşıdığı korku, insanların en büyük korkusu. Başarılı insanlar kendilerine ve ne yapmaları gerektiğini hissettiklerine güvenmeyi öğrenmişlerdir. İçimizde bizi gelecekte belirli olaylara, sözde sabit noktalara götürebilecek bir rehberlik sistemimiz var. Hedeflerimizi belirlediğimizde ve onları takip ettiğimizde aktive olur. İşte Değer Kültürünün temel unsurları arasındaki doğrudan bağlantılar. Karizma, hedef belirleme, zaman yönetimi veya liderlikle ilgilidir.

84. Cesarete sahip olmayı öğrenin

Korku sizi felç eder, korku zihnin katilidir. Sizi, gelişemeyeceğiniz konfor bölgesinde kalmaya zorlar. Hayatınızda dikkate değer bir şeyi başarmak cesaret ister, hayat sizi başarılmış gerçeğin önüne koymadan ve sizin için seçimler yapmadan önce geleceğiniz için bu seçimleri yapmaya teşvik eden bir şey.

Korku sizi başarıdan uzaklaştıran şeydir, başarılı olacağından korkan insanlar vardır. Bu insanlar oldukları gibi gayet iyi, bir değişikliğe ihtiyaçları yok, yaşadıkları ve olduklarını sandıkları yerin kabuğundan çıkmaları gerekmiyor.

Dış etkenler tarafından zorlandığınızda, hayat size başka çözümler sunmadığında harekete geçmek çok kolaydır. Sonra o anlarda herkes sahip olduğu sorunu çözmek için elinden geleni yapmaya çalışır ve artık ertelemeye dayanamaz. Bu yüzden kişisel gelişime dahil olmak ve işler bu kadar ilerlemeden önce bir şeyler yapmak çok zor. Önleme, bir kriz durumunu yönetmekten çok daha az maliyetlidir.

Cesaret, bir irade çabası ve hesaplanmış riskler almayı gerektirir, ancak sorumluluktan korkmak ve kaçmak sizi içinden çıkmanın zor olacağı acınacak durumlara sokacaktır. Cesur insanlar karizmatiktir, cesaret jestleri sembolik hale gelir ve toplum onları ödüllendirir ve büyük bir imaj sermayesi edinirler.

85. İleriye bak

Sadece bir sonraki dakika değil, ileriye bakmayı öğrenin. Alkolikler bir sonraki içkinin ötesini göremezler. Sıradan insanlar bir sonraki maaşın ötesini görmezler. Bunun yerine, başarılı insanlar gelecek yılları görmeye alıştılar. Tüm yaşamları için veya bazen gelecek nesillere yönelik bir bakış açısına sahiptirler. Kişisel başarının temelinde vizyon budur.

Çeşitli durumlarda, çocuklarının ve torunlarının oturacağı gölgeye ağaç diktiğini duydunuz. Yarını katı bir şekilde düşünseler, inandıkları değerlerin yüksek olmasından başka hiçbir şey yapmazlar. Onlar için vizyon, iç güçlerini besleyen şeydir. Önceden yaşadıkları bir rüya görürler, tüm bu rüya bu insanların kendilerini bulduğu içsel bir dönüm noktası olur. Alkolikler kim olduklarını unuturlar, o halde kaybolurlar, bilinçlerini küçük şeylere dağıtırlar ve gittikten sonra kimse onları hatırlamaz. Bazı kaynakları bir gecede tüketmiş olmanız gerçeği sizi özel yapmaz çünkü bu en kolay şeydir.

Zamana yatırım yapmak, bu dünyanın gittiği yönü sezdiğiniz kişisel, kasıtlı bir jest haline gelir. Karizma zamana yapılan bir yatırımdır, karizmayı öğrenmek için sabrınız olmalı ve onu tezahür ettirmek için bir şans vermelisiniz. Karizma, Değer Kültürünün diğer alanları gibi, tüm yaşamınıza bağlılıktır.

86. Önerinin ne olduğunu ve kazan-kazan konseptini nasıl keşfedeceğinizi öğrenin

Kimse manipüle edilmek istemez. Birisi manipüle edildiğini öğrendiğinde fikirleri reddedecek ve ters tepki verecektir. İkna kitabında da bu konudan bahsettik. Manipülasyon, yalnızca bir tarafın kazandığı yanılgısına dayanır. Bu nedenle kaynaklar için mücadele çok yoğun, her biri diğerinin aleyhine daha fazlasını istiyor. Her zaman, eğitimli insanlar için, kişisel olarak geliştirenler için birkaç seçenek vardır; görünür değillerse, bu yeterince araştırılmadıkları anlamına gelir. Her iki taraf da kazanmazsa, bu, ortak değerleri doğru şekilde tanımlamadığınız anlamına gelir.

Kazan-kazan ilkesinden başlarsanız, mümkün olduğunca nasıl kazanacağınızı görmeye alışacaksınız, ancak diğerinin de kazanması için yeteneğinizi geliştireceksiniz. Bu kişisel gelişim kitaplarını yazarken bu kavramı deneyimledim. Benim kazancım öncelikle kişiseldir, bir milyondan fazla kelime yazmayı başardığımı bildiğimde, bana karşı ahlaki bir zaferdir. İkincisi, maddi bir şey ve okuyucularım için bilgi amaçlı bir kazanç. Bulduğum en iyi bilgiye eriştiğime inanarak, Değer Kültürü'nde kişisel gelişim tekniklerini öğrenmek ve bu tekniklerde ustalaşmak için mümkün olduğunca çok insanın katılımını öneriyor ve öneriyorum. Şimdi önerdiğim şey, inandığım en yüksek değerlere nasıl karşılık geliyor.

87. Söylediklerinizi rakipsiz argümanlarla destekleyin

İki veya daha fazla kişi arasındaki her tartışma, bir fikir mücadelesinden başka bir şey değildir. İşin içinde olan insanları bir kenara bırakırsak, herkesin inandığı değerler için mücadele etmiş oluruz. Bu nedenle, bu değerlere kitleler veya seçkinler tarafından el konulabilir, ancak özleri aynı kalır. Her zaman eşitlik, adalet, sevgi ya da bilgiden söz edilecektir. İnsanlar değişecek, yaşlanacaklar ama diğer gençler gelip bu fikirleri devralacak ve onlar için savaşacak.

İkna edebilmek için, her zaman ve her yerde geçerli olan belirli evrensel yasaları kullanmanız gerekir. Bu kanunlardan biri de birlik yasasıdır. Fikirlerinizi, açık istatistiksel veriler veya bilimsel çalışmalarla, dünya kişiliklerinin diğer fikirleriyle ilişkilendirirseniz, belirli bir anlaşmazlığı veya çatışmayı kazanma şansı çok büyük oranda artar. Bu, karizma fikrinin geçişlilik denilen süreçle bilgi düzleminden insan düzlemine aktarılmasıdır.

Başkalarını hem zihne hem de ruha hitap etmek için ikili bir mesaj kullanarak ikna edebilen insanlar karizmatik hale gelir veya karizmalarını artırır. Kişinin belli bir zaman diliminde biriktirebileceği karizmanın başkenti, o kişinin içinde yaşadığı ya da hareket ettiği çevrede sahip olduğu içsel güç ve etkinin notunu verir. Karizma bazen en güçlü argümandır.

88. Uzmanları arayın, bırakın mesajın bir kısmını iletsinler

Onlara en büyük kusurlarının ne olduğunu sorduğumda umursamazca "Onlar çok iyiler!" Diyen insanlarla tanıştım. ya da "çok mütevazılar!" Bu insanlar asla bir sorunları olduğunu kabul etmeyecekler. Asla inkardan çıkmayabilir. Hayat onları tutumlarını yeniden gözden geçirebilecekleri durumlara sokana kadar, kendilerini yenilmez ve yenilmez olarak görmeleri onlar için daha iyidir. Hayat onlara uymaları gereken bir ızgara verir, hadi buna bütçe diyelim. Bu kişi kendisinden çok daha iyi olduğunu düşünürse, değerini aşarsa, o zaman tüm bu bütçeyi hızlıca ve aldırış etmeden harcayacaktır.

Yaşam, eğitim ve kişisel değer farkındalığı anlamına gelir, içsel değerlerle ilişki kurmak ve bu değerleri başkalarınınkilerle kalibre etmek demektir. Bunu nasıl iyi yapacağınızı bilmiyorsanız, bunu sizden daha iyi yapmayı bilen birini bulmanız gerekir.

Uzmanlara başvurmaktan asla korkmayın. Onları aramaya devam ederseniz ve parasını öderseniz işlerini yapmalarına izin verin. İletişim uzmanlarıysa, iletmeniz gereken mesajları iletmelerine izin verin. Profesyonel bir düzeye geçmek, ancak profesyonel insanlarla çalışmayı seçerseniz mümkündür. Zor olabilir ve o insanları bulamayacağınız için değil, hayatınızdaki düşük performans gösteren ve zehirli olanların yerini almanın zor olacağı için.

89. Alışın ve olaylara bakışınızı değiştirin

Her şey perspektifle ilgili. Hedef belirleme gücü, doğrudan sonucun fikriyle ve o hedefe ulaşmak için önceden yaşıyor olmanız gerçeğiyle doğrudan ilgilidir. Temelde ileriyi düşünerek geleceğe bakış açınızı değiştirirsiniz. Bazı sabit noktalar oluştururusunuz ve bu sabit noktalardan orta ve uzun vadeli planları birbirine bağlarsınız. Başarılı insanlar, zamanlarının bir kısmını geleceklerini hayal ederek, keşfederek ve bunun gerektirdiği değişikliklere uyum sağlamaya çalışarak yaşarlar.

Şimdiki zaman gerçekler demektir. Gerçekler sonuçlardır ama aynı zamanda gelecek için kilometre taşlarıdır çünkü benimsediğimiz bir davranışa, planları tasarlayıp uygulayabilen bir düşünme mekanizmasına ihanet ederler. Kişisel dönüşüm sürecine dahil olmadan şimdiye kadar yaptığımız her şeyi yapma eğilimindeyiz. Değişebileceğimizi hesaba katmadan, her an bize yeni fırsatlar getiriyor.

Bakış açınızı değiştirmeyi seçtiğinizde her zaman bir fırsat vardır. Bu değişiklik, yeni kişisel değerlerin tanımlanmasını temsil eder. İnsanlara bu perspektif değişikliklerini verin, ilişkilendirmeleri için onlara yeni değerler verin. Gelişmelerine yardımcı olacak kişisel seçimler yapmalarına yardımcı olun. Amacımız gelişmek ve daha iyi, daha yaratıcı ve tartışılan konuyla ilgili daha karizmatik olmaktır.

90. Özgün olun

Yaratıcı olmayı seçerseniz, şablonları kopyalamayın, insanların sizi tanıması için kendi stilinizi korumayı seçin. Zor ve biraz çelişkili görünebilir çünkü başarılı olmak istiyorsanız başarılı insanların zaten yaptıklarını yapmanız gerektiğini söyledim. Ancak işin gücü, disiplin veya geleceğin vizyonu gibi net niteliklerden bahsediyordum. Bu niteliklere ek olarak, bizi benzersiz kılan kendi damgamıza ihtiyacımız var. Ne kadar özel olursanız, işiniz o kadar özel ve özgün olursa, o kadar çok arzu edilen, takdir edilen ve karizmatik olursunuz.

Şu anki en büyük probleminiz yeterince özgüvene sahip olmamanız. Bunun sebebi baraj veya başka bir deyişle çevrenizdekiler tarafından zihninize yerleştirilen ve özgüveninizi zayıflatan yüzlerce hatta binlerce olumsuz düşüncedir. Başkalarının sizden daha iyi olduğunu veya başarılı olmak için mükemmel olmanız gerektiğini düşüneceksiniz. Asla yeterince hazır olmadığınızı ve denerseniz başarısız olacağınızı düşüneceksiniz.

Güven her gün inşa edilir, bu değer kültürü kitaplarının amacı size neden kişisel olarak gelişmeniz gerektiğini göstermek ve ardından yaratıcılığınızı ve dehanızı keşfetmenize ve kullanmanıza yardımcı olmaktır. Başarılı olmanıza yardımcı olmak için bu akıllı seçimleri yapabilecek tek kişi sizsiniz. Başarı tamamen sizin tarafınızdan, tüm varlığınızla yaşanacak, otantik olacaktır çünkü herkes farklıdır.

91. Harika olun, dahiyane tekniklere yatırım yapın

Bir şeye bahis oynayacak olsaydım, bunu yaratıcılık ve deha tekniklerine bahis yaparak yapardım. Yapabileceğiniz tüm yatırımlar arasında en karlı olanı kendi insanınızı geliştirmek için yaptığınız yatırımlardır. Zeki ve karizmatik bir insan mısınız? Benim bakış açıma göre cevap, her zamanki gibi: evet! Bunu anlamak için başkalarına nasıl baktığımızı anlamamız gerekir. Zihinlerimiz düşüncelerimizle doludur; Dışımızda arkadaşlarımızın oluşturduğu bir çember var ve tanıdıklarımız var ve bu çemberin dışında tanıştığımız ve tanıdığımız yeni insanlar var. Tüm bu insanlar, biz onlarla tanışana kadar bizim için var olmadılar. Bu dünyada yaşayan 7 milyar insanı bilemeyiz. Onları zihinsel olarak boyutlandırabiliriz, ancak yalnızca sayı veya istatistik olarak ve hepsi bu kadar. Görebildiğimiz şey zirveler, gerçekten olağanüstü insanlar, zeki insanlar. Sanki gece ışıklarla dolu bir şehre bakıyormuşsunuz gibi; hepsini görseniz bile bir bütün oluştururlar ve onları kişiselleştiremezsiniz. Bunun yerine farklı olan, daha güçlü, daha renkli veya titreşen tüm bu ışıkları fark edeceksiniz. Bu ışıklar, ışıklarla dolu bir şehirde simge haline geliyor. Bu yüzden özel olmak, zeki olmak ve potansiyelinizi olumlu ve faydalı şeylerle öne çıkmak için nasıl kullanacağınızı bilmek önemlidir. Dehaya yapılan tüm bu yatırımlar sizi anonimlikten çıkaracak ve gelişmenize yardımcı olacaktır.

92. Düşüncede duyu dengesi

Çoğu insan bir şeyi hatırladıklarında yalnızca görsel imgeler kullanır. Beş duyuyu da kapsayan anılar yaratın ve bu anıların canlı ve güçlü olduğunu keşfedeceksiniz. Zamanla akranlarınızla bağlantı kurarak onları büyüleyerek kolayca ifade edebileceğiniz görüntüler oluşturabileceğinizi göreceksiniz.

Kendinize duyguları yaşamaya ve iç sevinçlerinizi ifade etme izni verin. Güzel hayat dengeli bir hayattır. Birçoğu, Einstein'ın dehasını, beş duyuyu harekete geçirmeyi ve güçlü ve kalıcı sinirsel bağlantılar yaratmayı içeren böylesine karmaşık, çağrışımsal düşünceye koydu. Duygular ve düşünceler arasındaki bağlantı üzerine. Yaratıcı düşünce içsel esaret ve koşullanmayı serbest bırakır ve bize bugün gördüğümüzden çok daha renkli ve canlı bir dünya gösterebilir.

Duyularınızı kullanmak, dünyayı keşfetmek ve pratik olarak onu daha iyi tanımaya çalışmak demektir. Bunu yazılı olarak yapmayı seçerseniz, yaşadığınız deneyimler kaybolmaz. Ancak yaşamayı seçtiğiniz diğer deneyimler için kriterler olarak kalırlar. Temel olarak, onu okuyup yeniden okuduğunuzda erişebileceğiniz bütün bir düşünce ve duygu ağı oluştururursunuz. Bu prosedürleri şiir yazarken denedim, yirmi küsur yıl sonra hala bazı şiirleri yazdığım anı ve içinde bulunduğum durumu hatırlıyorum.

93. Diğerinin duygusuyla etkileşime girer

Yanınızdakine dikkat edin ve zamanla onun davranışsal tepkilerini okuyabileceksiniz. İlk başta daha zor olabilir ama onu en ince ayrıntısına kadar tanıyacaksınız. Bu bilgi bilimsel değil, deneysel, sezgisel bir bilgidir. Duygusunu dinleme ve anlama yeteneğinden gelir ve alınan geri bildirim, gelecekte nasıl davranabileceğiniz konusunda size ipuçları verebilir.

Güçlü duyguları olan insanlar genellikle son derece kolay yaralanan kişilerdir. Söyledikleri ve yaptıkları son derece önemlidir ve iletmeye çalıştıkları mesaj anlaşılmalıdır. Bazıları için önemsiz görünebilecek bu yönlere dikkat ederseniz, bu insanlarla güçlü ilişkiler kurabilirsiniz. Merkezi bir unsur olarak insan davranışına sahip olan böylesine karmaşık bir konuda uzmanlaşmak için örgün eğitim yeterli değildir. Daha fazlasını gerektirir. Başkasını tanıma, onunla, sahip olduğu idealler ve ihtiyaçlarla etkileşimde bulunma arzusunu gerektirir.

Duygu, büyük miktarda kaliteli bilgiye erişmenize yardımcı olan şeydir; diğer kişinin duygusu, yapıcı ve olumlu şeylerle ilgiliyse, aynı şekilde yanıt vermenize yardımcı olan şeydir. Duygu, bu dünyada geçirdiğiniz kaliteli zamandır, günün sonunda sadece o günün duygusu vardır. O gün duygusal bir şey olmadıkça 43 gün önce ne yaptığınızı bilemezsiniz.

94. Canlı kaliteli anlar

Bir yerde olmak için orada olmanız gerekir. Zihninizin ve ruhunuzun aynı yerde ve aynı zamanda olduğu anlamına gelir. Boşuna kiliseye gidersiniz ve zihniniz başka sorunlar düşünür. Zihin ve ruh aynı ruhsal frekansa ayarlanmış kalmalıdır. Uyum olmalı. Ancak o zaman, aynı frekansta yankılanarak, yoğun deneyimin sihirli bir anı yaratılır. Bu anlar, kalan ve diğer benzer deneyimler için zemin oluşturan anlardır.

Kitaplarımda zaman yönetimi paradoksundan bahsediyordum; son derece basit bir şekilde ifade edilebilir: Ne kadar çok şey yaparsanız, o kadar çok zamanınız olur. Bunun tam tersi olması gerektiğini biliyorum ve belki zaman yönetimi kitaplarını okumayanlar için anlamak zor görünebilir, ama hiç de zor değil. Çünkü zaman yönetimi kaliteli anlar yaşamanıza yardımcı olur. Demek gibi: Ne kadar az kaliteli yemek yerseniz, tadı o kadar iyi olur. Mutfak sanatında önemli olan miktar değil, yiyeceğin kalitesidir. Başarı yasaları da öyle. Sürekli zamanlarının olmadığından şikayet eden insanlar, kaliteli anlar yaşamakta başarısız olanlardır. Dikkat çekici bir şey yapmadan bütün bir günü geçirebilir ve o günün yanına bir x koyabilirsiniz ya da her biri 5 dakikalık on kaliteli şey yapabilir ve bir saatten az bir sürede bir hafta içinde diğerlerini de başarabilirsiniz. Bu on kaliteli an, buna benzer on veya yirmi anın öncülünü yaratır, ancak aynı zamanda size gevşemenize ve başardıklarınızdan keyif almanıza yardımcı olan bir tatmin durumu ve içsel denge sağlar.

95. Karşılaştığınız insanlar duygusal durumunuzu yansıtır

Düşünceleriniz, nasıl davrandıklarıyla yakından ilgilidir. Onları özel, iyi, ilkeleri ve değerleri yüksek insanlar olarak görürseniz, o zaman bu şekilde davranma eğiliminde olacaklardır. Ancak dikkatinizi ve ilginizi hak eden kişileri seçmek size kalmıştır, sadece sizden yararlanmaya çalışan ve sizi başarıya giden yolda durduracak olumsuz ve zehirli düşüncelere sahip insanlardan kurtulmanız gerekir.

Halo efekti, sizinle aynı seviyede olan veya yakın olan akranlarınız üzerinde çalışır. Öyleyse ilginç olduklarını düşünüyorsanız, olağanüstü iseler, size karşı en iyi niyetleri varsa, o zaman bu şekilde davranmak isteyeceklerdir. Bu tam olarak gösterebileceğiniz karizmanın gücüdür. İyi bir insan olun ve akranlarınızın aynı olduğuna inanın, ancak aynı zamanda kendinizi sizinle aynı seviyede olmayan ve oraya gitmek bile istemeyen insanlardan nasıl ayıracağınızı bilin.

Karşılaştığınız insanların duygusal durumunuzu yansıttığını söylüyordum. Bunun nedeni, bu durumda bile çekim yasasının işe yaramasıdır. Etrafınızda hak ettiğiniz insanları ve olayları çekeceksiniz. Herkesin anlatmaya değer bir aşk hikayesi vardır. Bu hikaye, iki kişinin tanıştığı anla başlar. Koşullar farklı ama çekilme biçimleri aynı. Düşüncelerimiz yaşayan bir mıknatıs oldu ve olacak.

96. İçsel durumunuz ne kadar karizmatik olduğunuzu belirler

Karizma, başkalarına maruz kaldığınız duruma çevrilebilir. Sizi karakterize eden iç durumdur, taklit edilemez ve başkalarının sahte olup olmadığınızı fark etme yeteneği vardır.

Eğer mutluysanız, vücut dili ve yüzdeki mikro ifadeler mesajları bilinçaltı bir seviyede aktaracak ve diğerleri tüm bunları hissedecek.

Eğer güçlüyseniz, başkalarının algıladığı ancak farkında olmadığı bu mikro ifadelerle odayı doldurur ve bir lider olarak hakim olursunuz.

Sizden, bağlı kaldığınız içsel değerlerden kaynaklanan bir durumdur. Bu değerler, her gün sahip olduğunuz 60.000'den fazla düşüncenin özüdür. Tüm bu düşünceler sizi başkalarının gözünde yükseltir veya alçaltır.

Karizma, sıradanlıktan kurtulma, bugün bulunduğunuz ortak seviyeyi aşma ve gelişme fırsatına sahip olma şansınızdır. Evrim asla doğrusal olmayacak ve sonuçlar çok daha sonra görünebilir. Birkaç ay hiçbir fayda görmeden yatırım yapmanın mümkün olduğunu düşünün. Hayatınızın iki yılını muhteşem sonuçlar görmeden yatırım yapabilirsiniz ve yine de bir noktada sonuçlar aritmetik veya geometrik ilerlemede görünmeye başlar. Tüm beklentilerinizi aşmak için. Mutluluk, değerlerinizi ve düşüncelerinizi değiştirerek oluşturduğunuz bir durumdur. Her gün geçmişi geride bırakıp geleceğini şekillendirme şansı olan sizsiniz.

97. Güveninizi ve coşkunuzu iletme gücü

Farkında olmayabilirsiniz, ancak coşkunuzdan başkalarına verme gücüne sahipsiniz. Bunu yapabilmek için, o coşkuya sahip olmanız, onu bir içsel durum olarak nasıl üreteceğinizi bilmeniz ve bir şeyi kaybettiğinizi hissetmeden başkalarına verebilmeniz gerekir. Birinin uzun süre böyle olması çok zordur çünkü endişeler ve sorunlar gelir ve sizi bunaltır, geride acı ve korku bırakır. Teslim olacağınız bir noktada ne kadar güçlü olduğunuzu düşünseniz de, eczanede sıraya girdiğini gördüğünüz yaşlı insanlara bakın. Bir zamanlar olduklarından geriye ne kaldı? Daha önce sahip oldukları gençlik ve içsel güç nerede? Nerede kayboldular?

Kişisel gelişim sizi üzücü bir hayattan ve mutsuzluktan kurtarır. Size her zaman sevinmeniz ve mutlu olmanız için nedenler verecektir. Geleceği dört gözle beklemenize ve daha iyi olacağını bilmenize yardımcı olacaktır. Ama umut etmek yeterli değil. Her birimiz umut edebiliriz, ancak içten içe işlerin doğru yönde gittiğinden ve sezgilerinizin gerçekler tarafından onaylandığından emin olduğunuzda, bu coşkuyu bir hediye veya cesaret olarak almak isteyen herkese iletebilirsiniz.

İnsanların sorunlarıyla ilgileniyorsanız, onlar da sizin sorunlarınızla ilgileneceklerdir. Onları önemsediğini görene ve hissedene kadar kim olduğun umurlarında değil. İnsanları yakınlaştırmak ve cesaretlendirmek için her seferinde denemesi gereken kişi sensin.

98. Kendiniz hakkında ne düşündüğünüzü çevrenizdeki insanlara iletme gücü

İnandığınız içsel değerlerle ilişki kurma gücüne sahipsiniz. Bunu yapmanın en doğrudan yolu yazı yazmaktır. Bu yönü şimdiye kadarki en büyük projeye, bir milyon kelime yazmaya başladığımda anladım. Özel bir çabaydı ama buna değer. O projenin ardından kendime koyduğum sınırları aştığımda kendimle ilgili önemli şeyler öğrendim.

Kendinizi yeterince iyi görmezseniz veya kendinizi hazırlıksız hissederseniz, yaptığınız şey için size çok fazla kredi vermezler. Dışa aktardığınız imaja iyi bakacaklar ve size bir şans vermeyecekler. Temel olarak, bu durumda, yaptığınız tek şey onları sahip oldukları beklentileri karşılamadığınıza ikna etmek. Ama ihtiyaç duydukları adam olduğunuzu düşünmeli ve onlara inanmaları için tüm argümanları sunmaya çalışmalısınız.

Kendinizi hoş ve yetenekli olduğunuza ikna edin. Akıllı ve değerli. Kendini böyle görürsen ne kaybedersin? Henüz bu niteliklere sahip değilseniz, kişisel gelişim teknikleriyle geliştirin. İlkelerinizle ve dürüstlüğünüzle oynamayın, insanlara sizi içsel olarak tanımlayan tüm bu şeyleri önemsediğinizi ve bu kadar kolay pes etmeye istekli olmadığınızı gösterin.

99. Şimdiden keyfini çıkarın ve başarmak istediklerinizi kutlayın

Kitaplarımda ileriye dönük düşünme ve faydaları hakkında konuşmaya devam ettim. Kişisel gelişim sürecinin temel, temel bilgilerinden yola çıkarak şampiyonların düşüncelerini oluşturduk. Araştırmalarımda belirli bilgilerin tekrar edildiğini ve aynı alanda birkaç kitabı üst üste bindirdiğimde belirli modellerin nasıl örtüştüğünü fark ettim. Tüm bu düşünme biçimleri, kendi güçlü yönlerinize daha büyük bir güven oluşturmanıza yardımcı olacaktır.

Önceden sevinç halini yaşamayı öğrendiğinizde, zihninizi olumlu beklentiler edinmeye koyarsınız ve bu durum sizin durumunuzda kalıcı bir iyilik haline, çevrenizdekileri etkileyecek bir duruma dönüşür. Gelecekte bir yere bir köprübaşı yerleştireceksin. Onun orada olduğunu her zaman bileceksiniz ve ne yaparsanız yapın sabit bir noktanız, başvurmanız gereken bir dönüm noktası var. Geleceğini hassasiyetle ve birçok çalışma ile inşa eden kişisiniz.

Birçoğu kişisel olarak gelişmek, şu an sahip oldukları durumun üstesinden gelmek ve daha fazla para kazanmak, evlenmek, bir ev satın almak, sağlıklı çocuk sahibi olmak istiyor. İstiyorlar ama onlarla Değer Kültürü hakkında konuştuğunuzda şüpheci görünüyorlar. Onlara rüyayı görselleştirmeleri ve yaşamaları gerektiğini söylediğinizde, bedelini peşin ödemeye özen göstererek geri çekilirler ve zaman eksikliğini veya diğer "kişisel sorunları" ortaya çıkarırlar.

100. Yalnızca olduğunuz gibi değil, aynı zamanda olmak istediğiniz gibi davranın.

Başarılı bir insan olmak istiyorsanız, başarılı insanlar gibi davranın, başarılı insanlar gibi konuşun, başarılı insanlar gibi giyin ve başarılı insanlar gibi çalışın. Orta ve uzun vadeli bakış açılarını kucaklayın ve hayatınızın nasıl dikkate değer bir şekilde değişeceğini göreceksiniz. Her gün 60.000 düşünceniz olduğu için kendi hayatınızın mimarı sizsiniz. Bu kadar çok düşüncen olduğunu da bilmiyordun, değil mi? Olumlu düşünün ve 60.000 düşüncenin hayatınızı nasıl daha iyi hale getireceğini göreceksiniz. Kendiniz için kabul ettiğiniz değerlerin nasıl daha iyiye doğru değiştiğini, kendinizi nasıl geliştirip geliştirdiğinizi, faaliyet alanınızda nasıl daha iyi hale geldiğinizi göreceksiniz.

Düşünceleriniz sadece sizindir, kimse sizi uzun süre belli bir şekilde düşünmeye zorlayamaz. Başarılı bir insan olmak istiyorsanız, o zaman kimse ve hiçbir şey sizi durduramaz. Yapmanız gereken şey, başarılı insanların sizden önce uyguladığı stratejileri uygulamak.

Kendinizi başarılı, ikna edici ve karizmatik bir insan olarak görüyorsanız, bu istisnai niteliklere sahip insanların halihazırda yaptıklarını yapmalısınız. Başarı için yaratılmışsın. İçinizde o kadar çok hayat var ki, zihninize koyduğunuz her şeyi yaşayabilirsiniz. Potansiyeliniz o kadar büyük ki başarı, bu büyük potansiyelin farkına varmaktan ve kullanmaktan başka bir şey değildir, ancak bunun için kim olduğunuzu ve kim olmak istediğinizi bilmeniz gerekir.

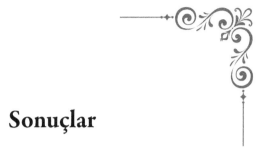

Sonuçlar

Karizma tam bir pakettir. Benzersiz, kişiselleştirilmiş bir orantıya yerleştirilmiş bir nitelikler toplamı. Karizmanın formülü yok.

Karizma, kişisel çekiciliktir, hangi durumda olurlarsa olsunlar insanları bir insanın etrafında toplayan güçtür. İnsanları çeken ve sizi dikkatin merkezine koyan kişisel manyetizma. Sen yıldızsın. Bir odaya girdiğinizde onun varlığıyla dolduran sensin. Yüzlerce kişinin uğruna mücadele ettiği işi alan sizsiniz, insanların doğal olarak takip ettiği lider sizsiniz.

Başından beri yaptığınız izlenim son derece önemlidir. Eğer hiçbir şeyden etkilenmezseniz, diğerleri sizin söyleyecek hiçbir şeyinizin olmadığı, değerli olmadığınızın sonucuna varacaklar ve sonuç olarak sizinle zamanlarını boşa harcadıklarını düşünecekler. Doğru ya da yanlış olabilir, ancak bu algı korunursa ve onu daha iyi hale getirecek güce sahip değilseniz, o zaman hayatta birçok fırsatı kaybedersiniz.

Karizmatik insanlar akan enerjiyle doludur, etrafındakilere akar. Her zaman kalabalığı kazanır. Sabırlı olun ve bir dizi kişisel nitelikte parlamak için doğru anı bekleyin. Cazibeleri ve ruhları var. Becerilerini geliştirdiler. Daha iyi olmak için zaman ve enerji harcadılar.

Karizma, parlaklık ve güvenlik demektir. Karizma, sadece bedeninizin, zihninizin veya ruhunuzun bir parçası değil, tüm varlığınızı ifade eder. Karizmatik insanlar bencil, önyargılı veya yaramaz değildir. Duygusal ve sosyal zeka denen şeyi geliştirdiler. Ne söyleyeceğimi, kime söyleyeceğimi ve nasıl söyleyeceğimi biliyorum.

Karizma, bir lider olarak çevrenizdeki insanları yakalamak için sahip olduğunuz güçtür. Öncelikle, kişisel nitelikleri ve inandığınız değerlerle onları büyülemelisiniz. Sahip olduğunuz niteliklerin farkındaysanız, bağımsız ve kendinize olan güveniniz artacaktır. Doğal, profesyonel olacaksınız ve insanlarla nasıl konuşulacağını ve nasıl davranılacağını bileceksiniz. İnsanlarla çevrili olduğunuzda, başarınız ne kadar karizmatik olduğunuza bağlı olacaktır. Kazanan faktörünüz karizma olacak. Diğer insanlarla entelektüel ve duygusal olarak anında bağlantı kurma yeteneğidir. Karizmanın olmaması, yalnızca insanların size gösterdiği dikkat eksikliği olarak tercüme edilir.

Karizmatik insanların sırrı, gözleriyle gülümsemeyi, canlı duyguları gözlerinden aktarmayı öğrenmiş olmalarıdır. Gözler ruha açılan penceredir. Gülümsediğinizde, gözleriniz bir rahatlama durumu iletir ve önünüzdeki kişi için atmosfer çok hoş olur. Mümkün olduğunca sık gülümsemeyi öğrenin. Evde yalnız olsanız bile, eğlenmeyi öğrenin.

Mutlu olmak için pek çok nedeniniz var, eğer mutlu olmayı hak ettiğinizi düşünmüyorsanız, gerçek sorunları olan, acı çeken ve sahip olduklarınızın küçük bir parçasına bile sahip olmayan insanlarla ilgili bir dizi.

Başkaları sizi mutlu etmezse, elinizden geldiğince kendinizi şımartmayı öğrenin, kişisel gelişiminizde daha önemli bir sıçrama yaptığınızda kendinizi ödüllendirin. Her zaman ayrıntılara dikkat edin ve güvensiz, kafası karışmış veya dikkatsiz görünmemeye dikkat edin.

Bunun için özgüven geliştirin. Sert nefes almayı öğrenin. Sırtınızı düzeltin ve saklayacak hiçbir şeyiniz yokmuş gibi başkalarının gözlerine bakın. Sanki ruhunu onların önüne koyuyorsun. Konuştuğunuz her şeyin önünde düşünün. Tartışma için bir plan yapın ve önceden analiz edin. Oraya dikkat edin, sadece konuştuğunuz insanlarla orada olun ve onları kendi tarafınıza çekeceksiniz.

Bir şey yapmak ya da söylemek istiyorsanız, kendinize dışarıdan, tarafsız bir şekilde bakın ve kendinizi pek sevmediğiniz bir insanmışsınız gibi yargılayın. Stratejinizin tüm kusurlarını görmek için

KARIZMA 127

cazip olacaksınız. Tüm bu kusurları belirledikten sonra, planınızı başlatın ve düzeltin ve ardından uygulayın. Sizin için değerli olan, sizi ilgilendiren ve sizi heyecanlandırma gücü olan şeyler hakkında konuşun. Evde mümkün olduğunca çok egzersiz yapın. Coşku, çağrılabilen ve hemen iletilebilen bir zihin durumudur. Bu alanda küçük adımlar atın, mesajınızı test edin ve coşku kıyafetlerine koyun. Her şeyi desteklemek sizin için zorsa, önce tüm konuşmayı veya mesajı çok daha iyi kontrol edebileceğiniz ve süresini kademeli olarak artırabileceğiniz daha küçük parçalara ayırın.

Başlangıç için bir partnerin önünde kayıt yaptırarak veya konuşmayı seçerek sözel parazitlerden veya ifade hatalarından kurtulun. Hızlı okumayı öğrenmek için önemli kaynaklara yatırım yapın ve size paradigma değişimi sağlayabilecek yeni bilim alanlarını keşfetmek için hızlı okuma yardımıyla. Yeni olun ve zengin deneyiminizi ve sizi yönlendiren duygusal ve sosyal zekanızı kullanarak hayatınızdaki yeniyi seçin ve bir şeyi nasıl iyi yapabileceğinizi gösterin.

Bu kitapla Değer Kültürü sona eriyor, yapmanız gereken tek şey kitaplarımda bulduğunuz tüm temel bilgileri anlamaya çalışmak, okumak ve değer filtresinden geçmek. Sen parlaması gereken bir yıldızsın, sıradanlıktan çıkması gereken, kişisel başarıya ulaşmak için tüm bu iç kaynakları bulması gereken değerli bir insansın. Geleceğini adım adım inşa eden sizsiniz. Değer Kültürü'ndeki her tema, şansınızı artırabilir ve size kazanma avantajı sağlayabilir. Her şeyin en iyisini diliyorum ve tüm bu bilgilerin sizi başarılı bir insan yapmasını istiyorum.